표현력 향상을 위한
캐릭터 댄스의 정석

표현력 향상을 위한
캐릭터 댄스의 정석

초판 1쇄 발행 2019년 4월 12일

지은이 장소정
펴낸이 장길수
펴낸곳 지식과감성#
출판등록 제2012-000081호

디자인 장홍은
편집 이현, 장홍은
교정 정유경
마케팅 고은빛

주소 서울시 금천구 벚꽃로298 대륭포스트타워6차 1212호
전화 070-4651-3730~4
팩스 070-4325-7006
이메일 ksbookup@naver.com
홈페이지 www.knsbookup.com

ISBN 979-11-6275-571-6(13680)
값 23,000원

ⓒ 장소정 2019 Printed in Korea

잘못된 책은 구입하신 곳에서 바꾸어 드립니다.
이 책의 전부 또는 일부 내용을 재사용하려면 사전에 저작권자와 펴낸곳의 동의를 받아야 합니다.

이 도서의 국립중앙도서관 출판예정도서목록(CIP)은 서지정보유통지원시스템
홈페이지(http://seoji.nl.go.kr)와 국가자료공동목록시스템(http://www.nl.go.kr/kolisnet)에서
이용하실 수 있습니다. (CIP제어번호 : CIP2019013788)

홈페이지 바로가기

-Ⅰ편(Barre)-

장소정 지음

contents

캐릭터 댄스 기초 동작

PART 01 플리에 Plié
: 무릎을 구부리기

- 일반적인 데미-플리에 Demi-Plié 하기: 무릎을 반만 구부리는 동작 ... 13
  - 기본 종류 ... 13
  - 를르베 RELEVÉ를 한 상태로 Demi-Plié 하기 ... 15
  - 상체를 사용하여 Demi-Plié 하기 ... 16
  - 를르베 한 상태에서 상체를 사용하여 Demi-Plié 하기 ... 16
  - 빠르게 Demi-Plié 하기 ... 18

- 그랑 플리에 Grand-Plié 하기 ... 19
  - 기본 ... 19
  - 를르베 RELEVÉ를 한 상태로 그랑 플리에 하기 ... 19
  - 를르베 한 상태에서 상체를 사용하여 그랑 플리에 하기 ... 20
  - 빠르게 그랑 플리에 하기 ... 21
  - 무릎을 회전하며(방향을 전환시키면서) 그랑 플리에 하기 ... 22

PART 02 밧뜨망 턴듀 Battement Tendu
: 발바닥 움직임 개발 훈련

- 기본 턴듀 준비 훈련 ... 24
- 다리의 발끝에서 발뒤꿈치로 이동시키기
  / 발뒤꿈치에서 발끝으로 이동시키기 ... 25
  - 기본 ... 25
  - 서 있는 다리를 Demi-Plié 한 상태로 턴듀하기 ... 26
  - 다리를 원래 자리로 돌아오기 ... 27
  - 서 있는 다리의 발뒤꿈치를 들어 올리기 ... 27
  - 발바닥으로 땅을 치면서 하기 ... 29

PART 03 밧뜨망 그리쎄/ 데가제, 제떼 Battement Glissé/ Battement Dégagé, Jeté
: 작게 다리를 들어 올리기

- 기본 제떼 준비 훈련 1. ... 32
- 기본 제떼 준비 훈련 2. ... 33
- 피께 PIQUE : 움직이는 다리가 쭉 편 상태에서 바닥을 살짝 치기 ... 34
- 작은 〈스크보즈니에 сквозные〉하며 다리 들어 올리는 동작 ... 36
  - 기본 ... 36
  - 서 있는 다리를 미끄러뜨리면서 이동하기 ... 37
  - 비르 Beep : 서 있는 다리를 살짝 도약하면서 반원을 그리며 제떼 하기 ... 38

PART 04 론 드 잠브 Rond de jambe
: 바닥과 공중에서 다리로 원 그리기

- 바닥에서 발끝으로 둥글게 원을 그리는 움직임 ... 41
  - 기본 ... 41
  - 서 있는 다리가 Demi-Plié 한 상태로 움직이기 ... 43
  - 서 있는 다리의 발뒤꿈치를 돌리기 ... 44
  - 서 있는 다리를 Demi-Plié 상태에서 발뒤꿈치를 돌리기 ... 45

- 바닥에서 발뒤꿈치로 둥글게 원을 그리는 움직임 ... 46
  - 기본 ... 46
  - 서 있는 다리가 Demi-Plié 한 상태로 움직이기 ... 47
  - 서 있는 다리의 발뒤꿈치를 돌리기 ... 47
  - 서 있는 다리 Demi-Plié 상태에서 발뒤꿈치를 돌리기 ... 48

- 보시묘르꾸 восьмерку ... 49
  - 기본 ... 49
  - 서 있는 다리가 Demi-Plié 상태에서 하기 ... 50
  - 라스쫘지꼬이 растяжкой 와 함께 훈련하기 ... 51

- 공중에서 발끝을 쭉 편 상태에서 원으로 그리기 ... 52
  - 기본 ... 52
  - Demi-Plié 상태로 하기 ... 53
  - 서 있는 다리의 발뒤꿈치를 돌리기 ... 54

- 살짝 뛰는 동작과 함께하기 … 54
- 살짝 뛰면서 서 있는 다리의 발뒤꿈치를 돌리기 … 55

플랙스 한 상태로 공중에서 원 그리기 … 56
- 기본 … 56
- Demi-Plié 상태로 하기 … 56
- 서 있는 다리의 발뒤꿈치를 돌리기 … 57
- 살짝 뛰는 동작과 함께하기 … 58
- 살짝 뛰면서 서 있는 다리의 발뒤꿈치를 돌리기 … 59

PART 05 힐HEEL의 움직임

낮은 높이의 힐의 움직임 … 61
- 기본 … 61
- 발뒤꿈치에서 발끝으로 바꾸기, 발끝에서 발뒤꿈치로 바꾸기 … 63

중간 높이의 힐의 움직임 … 65
- 기본 … 65
- up한 상태에서 바닥을 쓸면서 바닥 치기 … 66
- up한 상태에서 이동하기 … 66
- 코뷔랴로취꼬이ковырялочкой와 함께 하기 … 67

높은 높이의 힐의 움직임 … 69
- 기본 … 69
- 점프해서 무릎을 열고 발뒤꿈치로 이동하기 … 70

정면 1번 포지션에서 힐의 움직임 … 71

PART 06 폰듀Fondu
: 낮게 혹은 높게 다리를 전환시키기

준비 동작 … 73
천천히 낮게 전환시키기 … 73
- 기본 … 73
- up한 상태에서 포인트와 함께 하기 … 74

- 🩰 빠르고 낮게 전환시키기
  - 기본   75
  - up한 상태에서 포인트와 함께하기   76

- 🩰 천천히 높게 다리를 전환시키기   76
- 🩰 빠르게 높게 다리를 전환시키기   77
- 🩰 상체를 숙이거나 뒤로 젖히면서 동작하기 Port de Bras   78
  - 기본   78
  - up한 상태로 포인트와 함께 동작하기   79

PART 07 드로브늬에 븨스투키바니야 дробные выстукивания : 발을 이용하여 바닥을 치는 동작

- 🩰 정면1번 포지션에서 동작하기   81
  - 발바닥 전체를 활용하는 동작하기   81
  - 힐Heel을 활용하는 동작하기   84
  - 힐과 up을 활용하는 동작하기   85
  - 정면 앞으로 이동하기   86

- 🩰 열린3번 포지션에서 동작하기   87
  - 발바닥 전체를 활용하기   87
  - 힐과 up을 활용하는 동작하기   89

PART 08 발바닥을 편안하게 한 상태에서 훈련하기

- 🩰 '내 쪽으로부터' 혹은 '내 쪽으로' 동작하기   94
  - 기본   94
  - 움직이는 다리가 up한 상태로 바닥을 치기   95
  - 서 있는 다리가 살짝 뛰면서 동작하기   95
  - 살짝 뛰는 동작과 함께 하기 (악센트는 '내 쪽으로')   96
  - 도약하면서 이동하기   96
  - 도약하면서 다리에서 다리로 이동하기   97
  - 상체를 멀리 건너가듯이 숙이기   97
  - 상체를 멀리 건너가듯이 숙이고 서 있는 다리를 up한 상태로 바닥 치기   98
  - '내 쪽으로부터' 서 있는 다리의 발뒤꿈치를 들어 올린 상태로 동작하기   99

PART 09 베레보치케веревочке

- 기본 … 101
- Demi-Plié와 함께 동작하기 … 102
- up한 상태로 동작하기 … 103
- 무릎을 바 안쪽으로 돌리기/ 바 바깥쪽으로 돌리기 … 104
- up한 상태에서 무릎을 돌리기 … 104
- 점프와 함께 동작하기 … 105

움직이는 다리를 턴-아웃에서 턴-인으로 돌리기 / 턴-인에서 턴-아웃으로 돌리기 … 106

- 기본 … 106
- Demi-Plié와 함께 동작하기 … 107
- up한 상태로 이동하면서 동작하기 … 107

서 있는 다리의 발뒤꿈치를 돌리면서 〈베레보치케веревочке〉 준비하기 … 108

- 기본 … 108
- up한 상태로 이동하면서 동작하기 … 109

턴-인에서 턴-아웃으로 다리를 돌리기〈빈트винт〉

- 기본 … 109
- Demi-Plié와 함께 동작하기 … 110
- up한 상태로 이동하면서 동작하기 … 111
- 점프와 함께 동작하기 … 111

PART 10 지그자기зигзаги 혹은 즈메이카змейка

준비 동작 … 113

한 번 지그자기하기 … 114

- 기본 … 114
- 발바닥으로 바닥을 치면서 동작하기 … 116

두 번 지그자기하기 … 116

- 기본 … 116
- 발바닥으로 바닥을 치면서 동작하기 … 118

PART 11 데벨로빼 Développé
: 다리를 90°로 열기

- 기본   120
- 서 있는 다리가 Demi-Plié 상태로 동작하기   121
- 무릎을 바 안쪽으로 혹은 바 바깥쪽으로 돌리는 동작과 함께 움직임 실행하기   122
- 서 있는 다리 발뒤꿈치로 바닥 치기   124
- 점프와 함께 동작하기   125
- 살짝 뛰거나 이동하면서 동작하기   126

PART 12 그랑 밧드망 Grande battements
: 다리를 크게 차기

- 기본   128
- Demi-Plié 한 상태로 동작하기   129
- 서 있는 다리를 Demi-Plié로 앉고, 움직이는 다리의 발뒤꿈치를 앞쪽에 놓으면서 동작하기   130

큰 〈스크보즈늬예 Сквозные〉 동작하기   131
- 기본   131
- Demi-Plié에서 동작하기   131

움직이는 다리로 무게 중심을 이동시키고 상체를 숙이면서 〈그랑 밧드망〉 동작하기   132
- 기본   132
- 상체를 숙이고 up으로 바닥 치기   134
- 움직이는 다리로 원을 그리고, 그 다리로 이동하기   134
- 움직이는 다리로 원을 그리고, 반대 다리를 up한 상태로 바닥 치기   135
- 다리로 원을 그리고, 점프하기   135
- 다리로 원을 그리고, 점프하기 그리고 서 있는 다리를 up한 상태로 바닥 치기   136

〈그랑 밧드망〉 동작과 무릎을 바닥으로 내려놓는 동작을 함께 사용하기   136

〈라스좌지코이〉와 함께 〈다리를 크게 차기: 그랑 밧드망〉 동작을 실행하기   139

COMBINATION
기본 동작의 이해

캐릭터 댄스 기초 동작

PART 01

플리에 Plié
: 무릎을 구부리기

무릎을 구부리는 동작은 두 종류가 있다. 반만 구부리는 동작 Demi-Plié과 완전히 구부리는 동작 Grand-Plié이 있다. 이 동작은 무릎을 움직이게 한다. 무릎, 복숭아뼈, 고관절을 활동하게 하고, 엉덩이 근육과 종아리를 강화시킨다. 또한 허벅지 근육과 아킬레스건, 발바닥 관절을 유연하게 하고, 우아한 움직임과 함께 다리 근육을 발달시킨다.

캐릭터 댄스에서 Plie는 다음과 같이 학습되어야 한다.

무릎을 반만 구부리거나 완전히 구부리는 동작은 천천히(약하고, 부드럽게) 그리고 빠르게(정확하고, 날카롭게) 행해야 한다. 두 종류의 동작은 이미 통용된 포지션이다. 처음에 이 두 동작은 느린 한 마디 음악에 두 손으로 바를 잡고 수행하는 것이 좋다. 또한 올바른 상체와 두 다리에 힘을 균등하게 분배하는 것에 유의해야 한다. 무용수는 무릎을 반만 구부리는 동작을 취할 때 Demi-Plié에 발뒤꿈치가 바닥에서 떨어지면 안 되지만 완전히 구부리는 동작을 취할 때는 발뒤꿈치가 떨어진다(열린2번 포지션은 제외한다).

캐릭터 댄스에서 무릎을 반만 구부리는 동작은 클래식 발레보다 정확하고 날카롭게 행하는 동작이 있어 더 많은 힘이 필요하다.

기본 훈련에서 발전할 수 있는 움직임을 위해 연습하는 훈련은 다음과 같다. 처음에는 1, 2, 3, 5번 포지션에서 무릎을 연 상태로(턴-아웃) 반만 무릎을 구부리는 동작 Demi-Plié을 취한다.[1] 후에 완전히 몸에 습득이 되면, 무릎을 연 상태로 무릎을 완전히 구부리는 동작 Grand-Plié를 행한다. 또한 무릎이 정면을 바라본 상태에서 반만 구부린 동작을 지나 완전히 구부리는 동작으로 이어져야 한다. 캐릭터 댄스 속에는 다양한 종류의 Demi-Plie가 있고 4분의 3박자, 4분의 2박자, 4분의 4박자, 8분의 6박자 등의 박자로 동작을 수행한다.

---

1) 4번 포지션은 맨 마지막에 훈련한다.

일반적인 데미-플리에 Demi-Plié 하기
: 무릎을 반만 구부리는 동작

▪ 기본 종류

준비 동작: 1번 포지션으로 서 있다. 팔은 편안하게 내려놓는다.
박자: 4분의 3박자
시작: 4박
1–2박: 음악을 듣고 준비한다.
3박: 부드럽게 두 손을 본인 앞쪽으로 든다.
4박: 15~20센티미터 떨어진 바에서 손바닥을 내려놓는다.
　　손목을 아래로 내려놓는다.[2]

연습할 때 움직임은 8박자로 진행한다.
1–4박: 무릎을 옆으로 연 상태로 반만 앉는다. 상체는 길게 늘인다. 시선을 앞을 본다.
5–8박: 두 다리의 무릎을 쭉 편다.
위의 동작을 4회 반복한다.

발 포지션 변화 시에는 몸의 중심을 이동시켜야 한다.
열린 형태(턴-아웃 상태)의 발 포지션 1번 포지션에서 2번 포지션으로 이동할 때와 닫힌 형태(턴-인 상태) 2번 포지션에서 1번, 3번, 5번 포지션으로 이동할 때 주의하여야 한다.
예를 들면, 반만 앉은 후에 1번 포지션에서 2번 포지션으로 바꾸는 동작
1박: 발등을 내밀고 오른 다리를 길게 편다. 몸의 중심을 서 있는 다리 쪽에 놓는다.
2박: 멈춘다.
3박: 오른 다리의 발뒤꿈치를 바닥으로 내려놓는다. 몸의 중심을 두 다리 중간에 놓는다.
4박: 멈춘다.

---

[2] 처음 준비 동작 수행을 훈련할 때, 손 준비 동작과 음악이 일치해야 한다.

3번 포지션 혹은 5번 포지션으로 이동할 때는 닫힌 형태의 다리 포지션으로, 발의 위치를 앞 혹은 뒤로 놓는 것이 가능하다.

움직임의 예시〉 열린 상태로 반만 앉는 동작 Demi-Plié 2번 포지션이 5번 포지션의 열린 상태로 이동한다.

1박: 오른 다리 발등을 길게 뻗는다. 몸의 중심을 서 있는 다리 쪽으로 이동시킨다.
2박: 멈춘다.
3박: 오른다리를 5번 포지션 열린 상태로 앞 혹은 뒤에 놓는다.
4박: 멈춘다.

열린 상태의 1번 포지션에서 2번 포지션 혹은 3번, 5번 포지션으로 행할 때 다른 방법으로 실행해도 된다. 예를 들어 열린 상태의 1번 포지션에서 닫힘 상태의 2번 포지션으로 행할 때에는

1박: 1번 포지션이 될 때까지 두 다리의 발뒤꿈치를 앞으로 놓는다.
2박: 발앞꿈치를 들어 안쪽으로, 닫힌 형태의 1번 포지션으로 이동한다.
3박: 발끝을 옆으로 이동시켜 2번 포지션을 만든다.
4박: 멈춘다.

닫힌 2번 포지션에서 열린 3번 포지션으로 이동할 때에는

1박: 발끝이 정면을 바라보고 닫힌 형태의 2번 포지션을 취한다.
2박: 몸의 중심을 발끝으로 이동하고 발뒤꿈치를 바닥에서 약간 떨어뜨린다.
   (낮은 up 상태)
3박: 두 다리의 발뒤꿈치를 안쪽으로 가져온다.
   (오른 다리를 앞으로 가져올 수도 있고 왼 다리를 앞으로 놓을 수도 있다)
4박: 멈춘다.
(열린 5번 포지션을 만들기 위해서는 세 번째 박자에 턴-아웃이 된 채로 서 있는 다리에 반대쪽 다리의 발뒤꿈치가 닿아야 한다.)

열린3번 혹은 열린5번 포지션에서 열린2번 포지션으로 이동할 때
1박: 발뒤꿈치를 정면2번 포지션으로 이동시킨다.
2박: 발앞꿈치를 열린2번 포지션으로 이동시킨다.

오른 다리를 앞쪽으로 하고 있는 열린5번 포지션에서 왼 다리를 앞으로 하려면, 정면2번 포지션을 거쳐야 한다.
다양한 열린 상태의 포지션에서 시작되어진 동작에서 발끝과 발뒤꿈치를 돌려 사용하여 두 다리가 정면을 향하게 한다.
Demi-Plié는 곧은 몸으로 턴-아웃을 한 상태의 다리는 유지한 채로 2박자에 앉고, 2박자에 무릎을 펴는 동작을 행한다.
마지막 기본 과정으로 1박자에 앉고 1박자에 위로 하는 동작을 수행한다.

■ 를르베RELEVE를 한 상태로 Demi-Plié 하기

연습을 하기 위한 준비 동작: 천천히 Plié를 한다.(기본적인 동작)
박자: 4분의 3박자
움직임 훈련은 8마디로 행한다.

준비: 두 다리를 up한 상태 즉 발뒤꿈치를 들어 올린다.
1-4박: up한 상태에서 무릎을 턴-아웃하며 앉는다.
　　　 몸을 평평하게 유지하고 시선은 오른쪽으로 향하게 한다.
5-7박: 무릎을 펴고 상체를 올린다.
8박: 를르베 상태에서 두 다리의 발뒤꿈치를 내려놓는다.

위와 같은 연습을 4회 반복한다. 처음에는 모든 동작을 턴-아웃 상태에서 훈련한다. 후에는 한 포지션당 2회 반복하고 손의 움직임을 추가한다. 그 다음에 무릎을 정면(턴-인) 쪽으로 향하게 하여 훈련한다. 움직임은 4마디, 2마디로 훈련하는 것이 가능하다.

◣ 상체를 사용하여 Demi-Plié 하기

박자: 4분의 3박자

움직임 훈련은 8마디로 한다.

박자: 준비-오른팔을 살짝 들어 손등을 위로 향하게 한다.

1-2박: 상체를 오른쪽으로 기울이면서 Demi-Plié 동작을 취한다. 팔은 아래로 내려놓는다. 시선은 오른쪽에서 움직이는 손을 따라간다.

3-4박: 계속 Demi-Plié 상태를 유지하고 몸통과 시선을 정면으로, 팔을 둥글게(앙바) 상태로 이동한다.

5-6박: Demi-Plié 자세에서 서서히 일어난다. 상체는 왼쪽으로 기울이고 오른손을 왼쪽으로 든다. 시선은 왼쪽으로 움직이는 손을 따라간다.

7-8박자: Demi-Plié에서 완전히 무릎을 편다. 원을 그리면서 팔을 3번 포지션에서 2번 포지션으로 손바닥을 위로 향하게 한 뒤 상체는 처음의 준비 자세로 돌아온다. 두 다리의 무릎은 쭉 펴고, 시선은 오른쪽으로 돌린다.

연습 과제는 4회 반복한다. 마지막 두 화음에 손을 편안히 아래로 내려놓는다. 잠시 멈춘 후에 반대쪽을 오른쪽과 똑같이 행한다. 동작은 턴-아웃 상태의 발 포지션에서 실행해야 한다. 다양한 포지션에서 연습을 하고 난 후, 2박자에 한 동작 그리고 다른 포지션으로 이동이 가능하며, 다른 박자 즉 4박자, 2박자에 맞춰 움직임을 수행하는 훈련을 한다.

참고

상체를 오른쪽 혹은 왼쪽으로 움직일 때에도 두 다리 가운데 몸의 중심이 동등하게 분배되어야 한다.

◣ 를르베 한 상태에서 상체를 사용하여 Demi-Plié 하기

박자: 4분의 3박자

움직임 훈련은 8마디로 한다.

박자: 준비-두 다리를 를르베 한다. 손은 손바닥을 아래로 향하게 하고 살짝 든다.

1-2박: 를르베를 한 상태에서 Demi-Plié로 앉는다. 상체를 오른쪽으로 숙이고 오른팔을 아래로 내려놓는다.

시선은 오른쪽으로, 천천히 오른팔을 따라간다.

3-4박: Demi-Plié 상태를 유지하고 상체를 정면으로 이동한다. 팔꿈치를 돌려 손을 앙바 자세로 이동한다. 시선은 정면을 본다.

5-6박: Demi-Plié 동작에서 서서히 일어나기 시작한다. 상체를 왼쪽으로 숙이고 팔은 왼쪽으로 들어 올린다. 시선은 손을 따라간다.

7박: 두 다리의 무릎을 편다. 팔은 3번 포지션으로 시선은 손바닥을 본다.

8박: 를르베 한 다리의 발뒤꿈치를 내려놓는다. 팔은 2번 포지션으로 손바닥은 위로 향하게 해서 내려놓는다. 얼굴은 오른쪽으로 돌리고 시선은 손바닥을 본다.

다른 포지션에서도 위와 같은 순서로 행한다.

참고

턴-아웃한 4번 포지션과 정면을 바라보고 있는(턴-인) 4번 포지션은 1, 2 ,3 ,5번 포지션을 다 수행한 후에 한다. 두 다리 가운데 몸의 중심이 동등하게 분배되어야 한다.

◣ 빠르게 Demi-Plié 하기

예시 1〉 악센트를 아래로

준비 동작: 발레 동작 기본 포지션

박자: 4분의 3박자

움직임 훈련은 2박으로 한다.

1마디: 1박: Demi-Plié로 앉는다.
2-3박: 멈춘다.
2마디: 1박-3박: 다리를 천천히 편다.

예시 2〉 악센트를 위로

준비 동작: 발레 동작 기본 포지션

박자: 4분의 3박자

움직임 훈련은 2박으로 한다.

1마디: 1-3박: 천천히 Demi-Plié로 앉는다.
2마디: 1박: 무릎을 편다.
2-3박: 멈춘다.

나중에는 1마디 안에 빠른 1마디에 다음과 같이 한다.

1박: Demi-Plié를 한다.
2박: Demi-Plié 상태로 멈춘다.
3박: 무릎을 편다.

훈련 시에 천천히 부드럽고 유연하게 취하는 Demi-Plié와 빠르고 강한 상태의 Demi-Plié와 같이 수행하는 것이 유익하다. 악센트를 아래로, 위로 교체시켜 주는 것이 좋다.

그랑 플리에 Grand-Plié 하기

◤ 기본

준비 동작: 발레 동작 기본 포지션
박자: 4분의 3박자
움직임 훈련은 16마디로 한다.

1–4마디: 무릎을 옆으로 하고 그랑 플리에로 천천히 내려간다. 이때, 상체를 평평한 상태로 유지하고, 시선은 정면을 바라본다.
5–8마디: 두 다리의 발뒤꿈치를 살짝 들고 완전히 앉는다.
9–12마디: 데미-플리에 Demi-Plié가 될 때까지 천천히 일어나고 발뒤꿈치는 바닥에 내려놓는다.
13–16마디: 두 다리의 무릎을 펴고 처음 준비 동작으로 돌아간다.
위의 움직임을 네 번 반복한다.

턴-아웃 상태의 4번 포지션 그랑 플리에 Grand-Plié는 가장 마지막에 수행한다. 훈련이 된 후에 한두 번 정도 같은 동작으로 한 다음 다른 포지션으로 이동해도 된다. 후에는 그랑 플리에를 무릎을 정면으로 향하게 하여(턴-인) 11자를 만들어 실행한다. 추가적으로 팔의 움직임은 다음과 같다. 그랑 플리에를 할 때, 팔은 아래로 내려놓거나 3번 포지션을 한다. 후에는 8마디에서 4마디로 빠르게 실행한다.

◤ 를르베 RELEVE를 한 상태로 그랑 플리에 하기

준비 동작: 발레 동작 기본 포지션
박자: 4분의 3박자
움직임 훈련은 16마디로 한다.
준비 박자: 두 다리를 를르베 상태로 들어 올린다.
1–4마디: Demi-Plié 자세로 천천히 내려간다.
5–8마디: 를르베 한 상태를 유지한 채, 그랑 플리에 자세로 내려간다.

9-12마디: Demi-Plié 자세로 천천히 올라간다.
13-15마디: 두 다리의 무릎을 쭉 편다.
16마디: 1-2박에 발뒤꿈치를 내려놓는다.

다른 포지션에서도 위와 같은 순서로 행한다.

▃ 를르베 한 상태에서 상체를 사용하여 그랑 플리에 하기

준비 동작: 발레 동작 기본 포지션
박자: 4분의 3박자
움직임 훈련은 16마디로 한다.
준비 박자: 손바닥을 안쪽으로 향하게 하고 팔을 내려놓는다.
1-4박: 천천히 Demi-Plié를 하면서 상체는 오른쪽으로 기울인다. 팔은 오른쪽 아래로 내리고, 고개는 오른쪽으로, 시선은 움직이는 손을 따라간다.
5-8박: 상체를 정면으로 세우고 그랑 플리에로 내려간다. 팔은 앙바 자세를 하고 얼굴은 정면을 바라본다.
9-12박: 천천히 Demi-Plié 자세로 들어 올리고 상체는 왼쪽으로 기울인다. 팔은 왼쪽 위쪽으로 이동한다. 얼굴은 왼쪽으로 돌리고 시선은 움직이는 손을 따라간다.
13-16박: Demi-Plié에서 일어난다. 발을 2번 포지션으로 이동시킬 때, 팔도 2번 혹은 3번 포지션을 취한다. 두 무릎을 펴고 얼굴은 정면을 바라본다.

위의 동작은 4회 반복한다. 마지막 2박자 전 화음에서 팔을 내려놓고 잠시 멈춘 후에 다른 포지션으로 넘어간다. 이 모든 동작은 턴-아웃을 한 상태에서 진행한다. 처음에는 각 동작을 개별적으로 연습하고, 후에는 마지막 2박자에 포지션을 전환시켜 연결한다. 8박자 혹은 4박자로 훈련 가능하다.

참고
오른쪽 혹은 왼쪽으로 상체를 기울일 때, 두 다리에 균등하게 몸의 중심을 분배해야 한다.

◣ 빠르게 그랑 플리에 하기

준비 동작: 발레 동작 기본 포지션이다. 팔은 편안하게 아래를 향하게 내려놓는다.
박자: 4분의 3박자

움직임 훈련은 2마디로 한다.

1마디: 턴-아웃(턴-아웃) 상태의 그랑 플리에로 내려간다. 두 다리의 발뒤꿈치가 바닥에서 살짝 떨어진다. 몸통은 평평하게 유지하고 시선은 정면을 향한다.
2마디: 무릎을 펴면서 두 다리를 붙인다.
한 동작을 2~4회 실행한다. 후에 무릎을 정면 상태로(11자로) 유지한 상태로 실행한다.

아래와 같은 팔의 움직임을 더한다.

예시 1〉
1마디: 팔을 아래로 내려놓는다.
2마디: 1번 포지션을 거쳐 2번 포지션으로 펼친다.

예시 2〉
1마디: 팔을 아래로 내린 상태에서 시작하고 1번 포지션을 거쳐 3번 포지션으로 이동한다.
2마디: 2번 포지션으로 펼친다.

예시 3〉
1마디: 3번 포지션으로 팔을 든다.
2마디: 2번 포지션으로 펼친다.

예시 4〉
1마디: 3번 포지션으로 팔을 든다.
2마디: 1번 포지션을 거쳐 2번 포지션으로 펼친다.

■ 무릎을 회전하며(방향을 전환시키면서) 그랑 플리에 하기

이 동작은 정면1번 포지션[3]에서 를르베 한 상태에서 시작한다(정면2번 포지션에서도 가능하다). 얼굴은 바 쪽으로 돌린다.

박자: 4분의 3박자

움직임 훈련은 4마디로 한다.

준비 동작: 를르베 동작을 취하고 두 다리의 발꿈치를 왼쪽으로 돌린다.
1마디: Demi-Plié 로 내려간다. 무릎은 왼쪽으로 돌리고, 발꿈치는 오른쪽으로 돌린다.
2마디: 그랑 플리에 Grand-Plié로 내려간다. 무릎은 오른쪽으로 돌리고, 발꿈치는 왼쪽으로 돌린다.
3마디: Demi-Plié까지 올라온다. 무릎은 왼쪽, 발꿈치는 오른쪽으로 돌린다.
4마디: Demi-Plié에서 를르베 상태로 올라온다. 무릎은 오른쪽, 발꿈치는 왼쪽으로 돌린다.

위의 동작을 4~8회 반복한다. 한 동작이 끝나고 4마디를 멈춘다. 마지막 2박자 화음에 를르베 한 다리를 내려놓고 팔도 편안하게 아래로 향하게 한다.
얼굴은 무릎과 같은 방향으로 향하게 한다. 후에 템포를 빠르게 해도 된다.(예: 빠른 4분의 2박자—1박자에 앉고, 1박자에 일어난다.) 4분의 2박자 음악에서 훈련할 때, 2마디 안에 움직임을 실행하고 후에 1마디 안에 움직임을 실행한다.

---

[3] 발을 11자로 만드는 자세. 클래식 발레에서 가끔 6번 포지션으로 칭하며 사용되고 있다.

PART 02

밧뜨망 턴듀 Battement Tendu
: 발바닥 움직임 개발 훈련

두 다리를 쭉 편 상태에서 발끝에서 발바닥으로, 발바닥에서 발끝으로 하는 이 움직임은 특히 복숭아뼈의 움직임을 훈련하는 것으로 다른 종류의 움직임과 함께 다양하게 실행된다. 예를 들면, 서 있는 다리가 Demi-Plié를 하는 순간 움직이는 다리가 Flex 하며 앞으로 나간다거나 하는 움직임이 이에 해당된다.

기본 턴듀 준비 훈련

준비 동작: 열린 5번 포지션으로 서 있다. 오른 다리가 앞에 있다. 팔은 편안하게 내려놓는다.
박자: 4분의 2박자
시작: 4마디
1-2마디: 음악을 듣고 준비한다.
3마디: 두 손은 내 앞에서 든다.
4마디: 손을 바에 얹는다.

움직임은 2마디로 구성한다.
1마디: One-And: 오른 다리를 미끄러지듯이 바닥에서 밀어서 발끝으로 이동한다. 무릎과 발등은 쭉 편다.
　　　Two-And: 멈춘다.
2마디: One-And: 오른 다리의 발바닥이 미끄러지듯이 바닥을 쓸면서 5번 포지션으로 돌아온다.
　　　Two-And: 멈춘다.

훈련이 된 후에는 오른 다리를 오른쪽, 왼쪽, 앞쪽, 뒤쪽으로도 실행한다. 마지막 2박에 팔을 편안히 내려놓는다. 멈춘 후, 반대쪽 다리를 훈련한다. 또한 박자는 1박, 2분의 1박, 4분의 1박으로 훈련해도 된다. 이 기초 훈련은 다른 종류의 다양한 콤비네이션 안에 포함되어 활용된다.

다리의 발끝에서 발뒤꿈치로 이동시키기/
발뒤꿈치에서 발끝으로 이동시키기

◤ 기본

준비 동작: 위의 준비 훈련과 동일하게 진행한다.
박자: 4분의 2박자

움직임 훈련은 4마디로 한다.
1마디: One-And: 오른 다리의 발끝을 앞으로 쭉 뻗는다.
　　　　Two-And: 멈춘다.
2마디: One-And: 오른 다리를 플랙스 한다.
　　　　Two-And: 멈춘다.
3마디: One-And: 오른 다리의 발끝을 다시 앞으로 쭉 뻗는다.
　　　　Two-And: 멈춘다.
4마디: One-And: 열린5번 포지션으로 닫는다.
　　　　Two-And: 멈춘다.

훈련이 된 후에는 오른 다리를 앞쪽, 뒤쪽, 옆쪽으로 실행한다. 마지막 2박에 팔을 편안히 내려놓는다. 멈춘 후, 반대쪽 다리를 훈련한다. 또한 박자는 1마디, 2마디로 훈련시켜도 된다.

◤ 참고

움직임을 행할 때, 움직이는 다리로 반원을 그리면서 실행해도 된다. 2번 포지션으로 이동하면서 혹은 '뒤로' 다리를 이동시키면서 발끝에서 발뒤꿈치로/ 발뒤꿈치에서 발끝으로 변화시켜 훈련해도 된다.

▰ 서 있는 다리를 Demi-Plié 한 상태로 턴듀 하기

준비 동작: 위의 준비 훈련과 동일하게 진행한다.

박자: 4분의 2박자

움직임 훈련은 4마디로 한다.

1마디: One-And: 오른 다리의 발끝을 앞으로 쭉 뻗는다.
  Two-And: 멈춘다.
  2마디: One-And: 오른 다리의 발을 플랙스 한다. 서 있는 다리를 Demi-Plié로 앉는다.
  Two-And: 멈춘다.
3마디: One-And: 오른 다리의 발끝을 앞으로 쭉 뻗는다. 서 있는 다리를 쭉 편다.
  Two-And: 멈춘다.
4마디: One-And: 오른 다리를 앞으로 놓고 열린5번 포지션으로 닫는다.
  Two-And: 멈춘다.

참고

움직임을 행할 때, 움직이는 다리로 반원을 그리면서 실행해도 된다. 2번 포지션으로 이동하면서 혹은 '뒤로' 다리를 이동시키면서 발끝에서 발뒤꿈치로/ 발뒤꿈치에서 발끝으로 변화시켜 훈련 가능하다(서 있는 다리를 Demi-Plié로 한 상태로 실행한다).

1마디: One: 오른 다리의 발끝을 앞으로 쭉 뻗는다.
  And: 멈춘다.
  Two: 움직이는 다리로 반원을 그리면서 2번 포지션으로 이동시키고, 플랙스 한다. 반대쪽 다리는 Demi-Plié로 앉는다.
2마디: One: 오른 다리를 발끝으로 바꾸고, 서 있는 다리를 쭉 편다.
  And: 멈춘다.
  Two: 오른 다리를 뒤로 놓고 열린5번 포지션으로 닫는다.
  And: 멈춘다.

후에 움직임을 반대로 실행한다. 움직임은 2마디 혹은 1마디로 실행해도 된다.

◤ 다리를 원래 자리로 돌아오기

준비 동작: 위의 준비 훈련과 동일하게 진행한다.

박자: 4분의 2박자

움직임 훈련은 4마디로 한다.

1마디: One-And: 오른 다리의 발끝을 앞으로 쭉 뻗는다.
　　　　Two-And: 멈춘다.

2마디: One-And: 플랙스를 한다.
　　　　Two-And: 멈춘다.

3마디: One-And: 오른 다리의 발끝을 앞으로 쭉 뻗는다.
　　　　Two-And: 멈춘다.

4마디: One-And: 오른 다리를 앞으로 놓고 열린5번 포지션으로 닫는다.
　　　　두 다리를 플리에 상태로 앉는다.
　　　　Two-And: 멈춘다.

위의 동작은 2마디, 1마디로 실행해도 된다.

◤ 서 있는 다리의 발뒤꿈치를 들어 올리기

종류 1. 기본 동작하기

준비 동작: 위의 준비 훈련과 동일하게 진행한다.

박자: 4분의 2박자

움직임 훈련은 4마디로 한다.

1마디: One-And: 오른 다리의 발끝을 앞으로 쭉 뻗는다.
　　　　Two-And: 멈춘다.

2마디: One-And: 플랙스를 한다.
　　　　Two-And: 멈춘다.

3마디: One-And: 오른 다리의 발끝을 앞으로 쭉 뻗는다.
　　　　Two-And: 멈춘다.

4마디: One-And: 움직이는 다리를 5번 포지션으로 돌아온다.
　　　　반대쪽 다리의 발뒤꿈치를 들어 올린다. **(그림 a)**
　　　　Two-And: 멈춘다.

위의 동작은 앞, 뒤, 옆으로 실행한다. 멈춘 후에 반대쪽 다리로 반복한다. 움직임은 2마디 혹은 1마디로 실행해도 된다.

참고

몸통은 평평하고 단단하게 유지한다. 서 있는 다리로 플리에 동작을 할 수 있으며, 발뒤꿈치를 들어 올릴 때, 발등을 끝까지 힘 있게 밀지 않는다.

(a)

(b)

(c)

종류 2. 몸의 중심을 이동시키기

준비 동작: 위의 준비 훈련과 동일하게 진행한다.

박자: 4분의 2박자

움직임 훈련은 4마디로 한다.

1마디: One-And: 오른 다리의 발끝을 앞으로 쭉 뻗는다.

　　　　Two-And: 멈춘다.

2마디: One-And: 오른 다리의 발뒤꿈치를 바닥으로 내려놓는다. 몸의 중심을 오른 다리 쪽으로 이동시키고 왼 다리의 발뒤꿈치를 들어 올린다. **(그림 b)**

　　　　Two-And: 멈춘다.

3마디: One-And: 왼 다리의 발뒤꿈치를 내려놓으면서 몸의 중심을 왼 다리로 이동시킨다. 오른 다리의 발끝을 앞으로 쭉 뻗는다.

　　　　Two-And: 멈춘다.

4마디: One-And: 오른 다리를 5번 포지션으로 돌아온다.

　　　　서 있는 다리의 발뒤꿈치를 든다.

　　　　Two-And: 멈춘다.

위의 움직임을 앞, 뒤, 앞으로 반복한다. 이 움직임은 2마디, 1마디로 실행해도 된다.

종류 3. 움직이는 다리의 발뒤꿈치를 돌리기
준비 동작: 위의 준비 훈련과 동일하게 진행한다.
박자: 4분의 2박자
움직임 훈련은 4마디로 한다.

1마디: One-And: 오른 다리의 발끝을 앞으로 쭉 뻗는다.
　　　 Two-And: 멈춘다.
2마디: One-And: 오른 다리의 발뒤꿈치를 오른쪽으로 돌려서 바닥으로 내려놓는다. 이때 반대쪽 다리의 발뒤꿈치를 든다. **(그림 c)**
3마디: One-And: 서 있는 다리의 발뒤꿈치를 내려놓는다. 오른 다리를 원래대로 돌리면서 쭉 편다.
　　　 Two-And: 멈춘다.
4마디: One-And: 오른 다리를 5번 포지션으로 돌아온다. 서 있는 다리의 발뒤꿈치를 든다.
　　　 Two-And: 멈춘다.

위의 움직임을 앞, 뒤, 앞으로 반복한다. 이 움직임은 2마디, 1마디로 실행해도 된다.

종류 4. 일하는 다리의 발뒤꿈치를 돌리면서 그 다리 쪽으로 몸의 중심을 이동시키기
종류2, 3을 동시에 실행한다.

◣ 발바닥으로 땅을 치면서 하기

종류 1. 발바닥으로 한 번 바닥 치기
준비 동작: 위의 준비 훈련과 동일하게 진행한다.
박자: 4분의 2박자
움직임 훈련은 2마디로 한다.

1마디: One: 오른 다리의 발끝을 앞으로 쭉 뻗는다.
   And: 멈춘다.
   Two: 플랙스를 한다.
   And: 멈춘다.
2마디: One: 오른 다리의 발끝을 다시 앞으로 편다.
   And: 오른 다리를 플랙스 한 상태로 서 있는 다리의 발목 쪽으로 이동시킨다. 이때, 서 있는 다리는 살짝 앉는다.
   Two: 왼다리가 앞쪽으로 오는 5번 포지션으로 하여, 오른 다리의 발바닥으로 바닥을 친다.
   And: 멈춘다.
위의 움직임을 앞, 뒤, 옆으로 반복한다. 이 움직임은 1마디로 실행해도 된다.

종류 2. 발바닥으로 두 번 바닥 치기

준비 동작: 위의 준비 훈련과 동일하게 진행한다.
박자: 4분의 2박자
움직임 훈련은 2마디로 한다.

1마디: One: 오른 다리의 발끝을 앞으로 쭉 뻗는다.
   And: 멈춘다.
   Two: 플랙스를 한다.
   And: 멈춘다.
2마디: One: 오른 다리의 발끝을 다시 앞으로 편다.
   And: 왼다리가 앞쪽으로 오는 5번 포지션으로 하여, 오른 다리의 발바닥으로 바닥을 친다. 두 다리는 Plié를 한 상태이다.
   Two: 다시 한 번 오른 다리의 발바닥으로 바닥을 친다. 왼 다리가 앞에 있는 상태이다.
   And: 멈춘다.
위의 움직임을 앞, 뒤, 앞으로 반복한다. 이 움직임은 1마디로 실행해도 된다.

PART 03

밧뜨망 그리쎄/ 데가제, 제떼
Battement Glissé/ Battement Dégagé, Jeté
: 작게 다리를 들어 올리기[4]

이 동작은 무릎과 발목을 강화하고, 종아리 근육을 발달시킨다. 서 있는 다리가 Demi-Plié를 동반하여 수행하기 전에 움직이는 다리의 턴-아웃 훈련이 필요하며, 움직이는 다리가 바닥으로 내려오는 순간 Demi-point 상태를 거쳐야 한다.

〈데가제〉는 날카롭고, 빠르며, 공기를 자르는 느낌으로 동작을 해야 한다. 이 동작은 열린1번, 3번, 5번 기본 포지션으로 앞, 옆, 뒤로 실행 가능하며, 정면1번 포지션 앞으로도 가능하다.

〈데가제〉의 콤비네이션은 다양한 종류의 움직임이 집합되어 있고 다른 움직임과 결합되어있다. 예를 들면, 〈카블로치카 훈련каблучными упражнениями〉,[5] 〈드로브늬미 븨스투키바니야미дробными выстукиваниями〉[6], 〈베레보치카верёвочка〉의 준비 훈련이 이에 속한다. 위의 움직임은 러시아, 벨로루시, 우크라이나, 폴란드, 이탈리아 음악 혹은 다른 민속음악을 활용하고 박자는 4분의 2박자, 4분의 3박자로 습득하는 것이 좋다.

---

4) 캐릭터 발레에서 작게 다리를 들어 올리는 동작은 밧뜨망 그리쎄, 데가제 혹은 제떼라고 불리기도 한다. 본 책에서는 용어를 데가제 혹은 제떼로 표기하였다.
5) 발뒤꿈치를 활용하는 훈련을 말한다.
6) 발바닥으로 소리를 내는 훈련을 말한다.

기본 제떼 준비 훈련 1

종류 1.

준비 동작: 열린5번 포지션으로 서 있다. 오른 다리가 앞에 있다.
 팔은 편안하게 내려놓는다.

박자: 4분의 2박자

준비 박자: 4마디

1-2마디: 음악을 듣고 준비한다.

3마디: 두 손은 내 앞에서 든다.

4마디: One-And: 바에 손을 얹는다.
 Two-And: 멈춘다.

움직임을 4마디로 실행한다.

1마디: One-And: 오른 다리를 발끝을 앞으로 보낸다.
 Two-And: 멈춘다.

2마디: One-And: 강하고 날카롭게 다리를 약간 들어 올린다.
 Two-And: 멈춘다.

3마디: One-And: 발끝을 내려놓는다.
 Two-And: 멈춘다.

4마디: One-And: 5번 포지션으로 닫는다.
 Two-And: 멈춘다.

위의 동작을 오른쪽, 뒤쪽, 다시 오른쪽으로 실행한다. 마지막 2박 화음에 손을 편안하게 내려놓는다. 잠시 멈춘 후에 반대쪽 다리를 실행한다. 훈련이 익숙해지면 2마디, 1마디로 실행 가능하다.

종류 2.

준비 동작: 위와 같다.

움직임은 1마디 안에서 진행된다.

1마디: One: 오른 다리를 앞으로 〈데가제〉를 취한다.
   And: 멈춘다.
   Two: 오른 다리를 앞쪽으로 하며 5번 포지션으로 돌아온다.
   And: 멈춘다.

위의 동작은 오른쪽, 뒤쪽, 다시 오른쪽으로 실행한다. 마지막 2박 화음에 손을 편안하게 내려놓는다. 잠시 멈춘 후에 반대쪽 다리를 실행한다. 훈련이 익숙해지면 1/2마디로 실행하거나 1마디에 움직임을 두 번 실행한다(이때에는 And 박자에 공중으로 다리를 들어 올린다).

기본 제떼 준비 훈련 2

준비 동작: 열린 5번 포지션, 오른 다리는 앞에 서 있다. 손은 편안하게 아래쪽으로 내려놓는다.

박자: 4분의 2박자

준비 박자: 4마디

1-2마디: 음악 전주를 듣는다.

3마디: One-And: 두 손을 앞쪽으로 든다. 오른 다리의 발끝을 앞으로 쭉 뻗는다.
   Two-And: 바를 잡는다.

4마디: One-And: 두 다리를 Demi-Plié 상태로 앉는다.
   Two-And: 왼 다리의 발뒤꿈치를 든다.

움직임은 2마디로 훈련한다.

1마디: One: 오른 다리를 앞쪽으로 〈데가제〉를 한다.
   서 있는 다리의 발뒤꿈치를 바닥으로 내려놓는다.
   And-Two-And: 멈춘다.

2마디: One: 오른 다리를 원래 포지션으로 돌아온다.
   서 있는 다리의 발뒤꿈치를 들어 올린다.
   And-Two-And: 멈춘다.

참고

동작을 수행할 때, 몸통이 흔들리지 않는 것이 필수적이다. 처음에는 앞, 옆, 뒤, 옆 방향으로 약 2~4회 정도 실행한다. 그리고 반대쪽 다리를 훈련한다. 나중에는 1마디, 1/2마디로 실행 가능하다.

피께 PIQUE

: 움직이는 다리가 쭉 편 상태에서 바닥을 살짝 치기

종류 1.

움직임은 Demi-Plié에서 시작하고 서 있는 다리의 발뒤꿈치는 들고 있다.
준비 동작: 열린5번 포지션, 오른 다리 앞에 서 있다. 손은 편안하게 아래쪽으로 내려놓는다.
박자: 4분의 2박자
준비 박자: 1마디

One: 오른 다리를 앞쪽으로 〈데가제〉를 한다.
　　　 서 있는 다리의 발뒤꿈치를 바닥으로 내려놓는다.
And: 오른 다리를 쭉 편 상태로 발끝으로 바닥을 친다.
　　　 서 있는 다리의 발뒤꿈치를 들어 올린다.
Two: 날카롭게 오른 다리를 앞쪽으로 약간 들어 올린다.
　　　 서 있는 다리의 발뒤꿈치를 바닥으로 내려놓는다.

And: 오른 다리를 열린5번 포지션으로 닫는다. 서 있는 다리의 발뒤꿈치를 든다.
위의 동작은 오른쪽, 뒤쪽, 다시 오른쪽으로 실행한다. 마지막 2박 화음에 발뒤꿈치를 바닥에 내려놓으면서 Demi-Plié에서 일어난다. 잠시 멈춘 후에 반대쪽 다리를 실행한다.

종류 2. 바닥을 두 번 살짝 치기

준비 동작: 위와 동일하다.

박자: 4분의 2박자

움직임은 2마디로 훈련한다.

1마디: One: 오른 다리를 앞쪽으로 〈데가제〉 동작을 한다. 서 있는 다리의 발뒤꿈치를 바닥으로 내려놓는다.
And: 오른 다리를 쭉 편 상태로 발끝으로 바닥을 친다. 서 있는 다리의 발뒤꿈치를 들어 올린다.
Two: 날카롭게 오른 다리를 앞쪽으로 약간 들어 올린다. 서 있는 다리의 발뒤꿈치를 바닥으로 내려놓는다.
And: 오른 다리를 쭉 편 상태로 발끝으로 바닥을 친다. 서 있는 다리의 발뒤꿈치를 들어 올린다.

2마디: One: 오른 다리를 앞쪽으로 약간 날카롭게 들어 올린다. 서 있는 다리의 발뒤꿈치를 바닥으로 내려놓는다.
And: 멈춘다.
Two: 오른 다리를 열린5번 포지션으로 닫는다. 서 있는 다리의 발뒤꿈치를 든다.
And: 멈춘다.

앞과 동일하게 훈련한다.

참고

〈데가제〉는 움직이는 다리의 발뒤꿈치를 바닥으로 내려놓는 것도 가능하다.
(플랙스 상태로 진행 가능)

작은 〈스크보즈니에сквозные〉[7]하며
다리 들어 올리는 동작

◢ 기본

〈데가제〉를 앞뒤로 번갈아 하는 동작이다. 이동할 때, 다리는 열린1번 포지션을 한 후에 이동한다. 들려 있는 다리가 바닥으로 내려올 때 서 있는 다리의 발뒤꿈치를 밑으로 내리고 곧바로 다리를 드는 포지션을 취한다. 이런 동작을 〈스크보즈니에〉라고 한다.

준비 동작: 열린5번 포지션으로 서 있다. 오른 다리가 앞에 있다. 팔은 편안하게 내려놓는다.
박자: 4분의 2박자

이 훈련은 2마디로 한다.

1마디: One: 오른 다리를 앞쪽으로 〈데가제〉를 한다.
　　　　　　서 있는 다리의 발뒤꿈치를 바닥으로 내려놓는다.
　　　　And: 열린1번 포지션으로 닫는다. 서 있는 다리의 발뒤꿈치를 들어 올린다.
　　　　Two: 오른 다리를 뒤쪽으로 〈데가제〉을 한다.
　　　　　　서 있는 다리의 발뒤꿈치를 바닥으로 내려놓는다.
　　　　And: 열린1번 포지션으로 닫는다. 서 있는 다리의 발뒤꿈치를 들어 올린다.
2마디: One: 오른 다리를 앞쪽으로 〈데가제〉를 한다.
　　　　　　서 있는 다리의 발뒤꿈치를 바닥으로 내려놓는다.
　　　　And: 멈춘다.
　　　　Two: 오른 다리를 앞쪽 열린5번 포지션으로 닫는다.
　　　　　　서 있는 다리의 발뒤꿈치를 닫는다.
　　　　And: 멈춘다.

움직임은 몇 번씩 반복해도 된다. 2박자 화음에 앉아 있는 다리는 무릎을 펴고 서 있는 다리의 발뒤꿈치를 바닥으로 내려놓는다. 후에 반대쪽 다리로 반복한다. 이 동작은 오른 다리, 왼 다리 그리고 '반대로'즉 뒤에서부터 앞으로 진행한다.

---

7) 연결하는 동작을 말한다.

참고

연습 동작을 수행하기 위해서 기본적으로 평평하게 몸통을 유지하고 움직이는 다리가 정확한 〈데가제〉 동작으로 이행되어야 한다.

◣ 서 있는 다리를 미끄러뜨리면서 이동하기

준비 동작: 열린 5번 포지션, 오른 다리가 앞에 서 있다.
왼손은 바를 잡고 오른손은 편안하게 아래쪽으로 내려놓는다.

박자: 4분의 2박자

준비 박자: 4마디

1-2마디: 음악 전주를 듣는다.

3마디: One: 오른팔을 1번 포지션으로 만든다.

　　　얼굴은 인사하듯이 약간 왼쪽으로 숙인다. 시선은 손바닥을 본다.

　　　And: 멈춘다.

　　　Two: 팔은 손바닥이 위로 향한 2번 포지션을 취하고, 얼굴은 오른쪽으로 돌린다.

　　　And: 멈춘다.

4마디: One: 오른팔을 1번 포지션으로 가져온다.

　　　손바닥을 원래대로 안쪽을 향하게 한다.

　　　And: 멈춘다.

　　　Two: 손을 허리에 얹는다. 얼굴은 인사하듯이 오른쪽 아래로 하고, 시선은 손목 쪽으로, 얼굴은 오른쪽으로 돌린다.

　　　And: 두 다리를 Demi-Plié 상태로 앉는다. 왼 다리의 발뒤꿈치를 든다.

　　　얼굴을 들어 오른쪽 중앙을 본다.

준비할 때, 팔의 움직임은 2마디, 1마디로 실행해도 된다.

움직임은 2마디로 진행한다.

1마디: One: 오른 다리를 앞쪽으로 〈데가제〉를 한다. 서 있는 다리의 발뒤꿈치를 바닥으로 내려 놓으면서 다리를 뒤로 이동시킨다. 상체를 뒤로 한다.

　　　And: 오른 다리를 열린 1번 포지션으로 닫는다.

Two: 오른 다리를 뒤쪽으로 〈데가제〉를 한다.

서 있는 다리를 앞쪽으로 이동시킨다. 상체를 앞쪽으로 숙인다.

And: 오른 다리를 열린1번 포지션으로 닫는다.

2마디: One: 오른 다리를 앞쪽으로 〈데가제〉를 한다. 서 있는 다리를 뒤로 이동시킨다. 상체를 뒤로 한다

And: 멈춘다.

Two: 오른 다리를 앞쪽 열린5번 포지션으로 닫는다.

서 있는 다리의 발뒤꿈치를 든다.

And: 멈춘다.

전에 훈련처럼 실행한다.

참고

바 쪽으로 얼굴을 돌리지 않는다.

■ 비르_{Beep}: 서 있는 다리를 살짝 도약하면서 반원을 그리며 제떼 하기

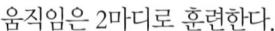

준비 동작: 열린5번 포지션, 오른 다리가 뒤에 있다. 손은 편안하게 아래쪽으로 내려놓는다.

박자: 4분의 2박자

준비 박자: 4마디

1-2마디: 음악 전주를 듣는다.

3마디: One-And: 두 손을 앞쪽으로 모은다.

Two-And: 손을 허리에 얹는다.

4마디: One-And: 오른 다리의 무릎을 구부린다.

Point를 한 상태로, 서 있는 다리의 뒤쪽에 발목보다 약간 높게 한다.

Two: 서 있는 다리가 발뒤꿈치가 들려있는 Demi-Plié로 앉는다.

움직임은 2마디로 훈련한다.

준비: And: 서 있는 다리를 살짝 도약하여 up한 상태로 실행한다. 움직이는 다리의 무릎을 왼쪽으로 돌린다.

1마디: One: 오른쪽 무릎과 발등을 펴고, 왼쪽-앞쪽으로 〈데가제〉를 한다.

　　　And: 서 있는 다리를 살짝 도약한다. 움직이는 다리의 무릎을 구부렸다가 무릎을 펴면서 point를 한 상태로 서 있는 다리의 발목 앞쪽으로 이동한다. 무릎은 턴-아웃 상태를 유지한다.

　　　Two: 오른 다리를 앞으로 〈데가제〉를 취하고 무릎과 발등을 편다.

　　　And: 서 있는 다리를 살짝 도약한다. 움직이는 다리의 무릎을 구부렸다 펴면서 point를 한 상태로 서 있는 다리의 발목 앞쪽으로 이동한다. 무릎은 턴-아웃 상태를 유지한다.

2마디: One: 오른 다리를 오른쪽으로 〈데가제〉를 취하고 무릎과 발등을 편다.

　　　And: 서 있는 다리를 살짝 도약한다. 움직이는 다리의 무릎을 구부렸다가 펴면서 point를 한 상태로 서 있는 다리의 발목 뒤쪽으로 이동한다. 무릎은 턴-아웃 상태를 유지한다.

　　　Two: 두 다리를 3번 포지션 up한 상태로 끝낸다.

이 움직임은 4회 반복한다. 마지막에 2박 화음에 두 다리의 무릎을 펴고, 발뒤꿈치를 내려놓는다. 팔도 편안하게 내려놓는다. 잠시 멈춘 후에 반대쪽 다리를 실행한다. 얼굴은 다음과 같이 행한다. 다리를 앞으로 들기 전에 왼쪽, 다시 다리를 앞으로 들기 전에 정면, 오른쪽으로 다리를 들기 전에 얼굴을 오른쪽으로 돌린다. 또한 살짝 도약하기 전에 왼쪽으로 향해 있던 몸통을 제자리로 돌려놓고 몸의 중심을 뒤쪽 왼쪽으로 이동시킨다. 시선은 오른 다리의 발뒤꿈치를 본다. 〈비르〉는 빠른 템포로 실행 가능하다. 예를 들어, 1마디에 〈데가제〉 동작을 3회 하거나 2마디에 반원을 그리면서 동작을 6회 수행하는 것이 가능하다.

PART 04

론 드 잠 브 Rond de jambe
: 바닥과 공중에서 다리로 원 그리기

이 부분의 움직임은 바에서 캐릭터의 움직임을 익히는 데 매우 중요하다. 발뒤꿈치에서 발끝의 옆쪽에 가장자리를 움직이는 훈련을 한다(발등을 비스듬하게 기울인다. "안장으로"란 표현을 쓰기도 한다). 보통 움직이는 다리의 발의 가장자리를 사용하여 서 있는 다리의 발뒤꿈치에서 발끝까지 이동시키고 쭉 편 후 원을 그리고 2번 포지션 혹은 다리를 뒤에다 놓는다. 이 동작은 발목 다치는 것을 예방하고 근육을 강화시키며 발목과 고관절을 자유자재로 움직일 수 있게 한다. 다리로 원을 그리는 동작은 발끝을 사용하거나 발뒤꿈치를 사용한다. 〈보시묘르꾸〉와 같은 움직임이 Demi-Plié와 함께 움직임이 수행될 때에는 서 있는 다리가 더 튼튼하게 버티는 훈련이 필요하다. 그 외에도 공중에서 다리로 원을 그리는 동작은 포인트를 한 상태, 플랙스를 한 상태, 서 있는 다리를 Demi-Plié와 함께 하기, 서 있는 다리의 발뒤꿈치를 돌리기, 살짝 뛰어서 하기, 살짝 뛰고 서 있는 다리의 발뒤꿈치를 돌리기 등과 동반할 수 있다. 음악은 단조로 사용하여, 움직임을 발전시킨다. 다리로 원을 그리는 동작은 러시아, 벨로루시, 우크라이나, 타타르, 몰디브 등의 나라 춤에서 실행되며 기초가 매우 중요하다. 훈련을 할 때에 박자는 4분의 3박자, 4분의 2박자를 쓴다.

바닥에서 발끝으로 둥글게 원을 그리는 움직임

준비 동작

종류 1.

열린5번 포지션에서 오른 다리는 뒤에서 시작한다.

One-And: 오른 다리를 서 있는 다리의 발목보다 약간 높은 위치에 붙여 놓는다. 무릎은 턴-아웃 상태이다. 발가락은 뒤로 잡아당긴다.

Two: 멈춘다.

종류 2.

열린5번 포지션에서 오른 다리 뒤에서 시작한다.

One-And: 오른 다리의 발끝을 뒤로 한다. 무릎과 발등은 쭉 편다.

Two: 서 있는 쪽으로 끌어와 오른 다리를 서 있는 다리의 발목보다 약간 높은 위치에 붙여 놓는다. 무릎은 턴-아웃 상태이다. 발가락은 뒤로 잡아당긴다.

▟ 기본

준비 동작: 오른 다리를 뒤로 놓고 열린5번 포지션으로 서 있다. 왼팔은 바를 잡고 오른쪽 팔은 편안하게 아래로 내려놓는다.

박자: 4분의 2박자

준비 박자: 4마디

1-2마디: 음악을 듣는다.

3마디: One-And: 오른팔을 내 몸 앞으로 든다.

　　　　Two-And: 바를 잡는다.

4마디: 위의 '종류 1'처럼 준비 동작을 한다.

▬ 참고

나중에 준비 동작은 2마디로 행하는 것이 가능하다.

움직임은 4마디로 훈련한다.

준비: And: 움직이는 다리의 발의 바깥쪽 가장자리를 이용한다. 서 있는 다리의 발뒤꿈치에서 발끝 쪽으로 이동한다.

1마디: One-And-Two-And: 서 있는 다리를 따라 그 방향 앞쪽으로 이동한다.

2마디: One-And-Two-And: 오른 다리의 발끝을 바닥에서 반원을 그리며 앞으로 가져온다. 무릎과 발등은 쭉 편 상태이다.

3마디: One-And-Two-And: 오른 다리의 발끝을 바닥에서 반원을 그리며 2번 포지션으로 이동한다.

4마디: One-And-Two: 움직이는 다리를 바닥에서 서 있는 다리의 뒤쪽으로 미끄러지듯이 끌어온다. 오른 다리는 서 있는 다리의 발목보다 약간 높은 위치에 붙인다. 무릎은 턴-아웃 상태이다. 발가락은 뒤로 잡아당긴다.

위의 움직임은 4회 반복한다. 마지막 2박 화음에는 다음과 같이 행한다.

One: 오른 다리를 뒤쪽 열린5번 포지션으로 내려놓는다. 손을 편안하게 내려놓으면서 얼굴을 살짝 숙인다.

Two: 고개를 든다.

포즈를 취한 뒤, 반대쪽 다리를 실행한다.

바닥에서 발끝으로 둥글게 하는 움직임을 '뒤에서'부터 훈련해도 되고 움직임은 2마디, 1마디로 실행 가능하다.

참고
위의 동작은 상체를 평평하게 유지하고 움직이는 다리에 끌려가지 않도록 한다.

■ 서 있는 다리가 Demi-Plie 한 상태로 움직이기

이 훈련은 기본 동작인 다리로 원을 그리는 동작을 하는 데 상호적인 관계가 있다. 그러나 발끝으로 바닥에 반원을 그리면서 실행할 때에는 서 있는 다리가 Demi-Plié 상태를 유지하여야 한다. 후에 Demi-Plié에서 서 있는 다리의 무릎을 펴면서 준비 동작으로 다시 돌아오는 동작이다.

준비 동작: 오른 다리를 뒤로 놓고 열린5번 포지션으로 서 있다. 왼팔은 바를 잡고 오른쪽 팔은 편안하게 아래로 내려놓는다.

박자: 4분의 3박자

준비 박자: 8마디

1-4마디: 음악을 듣는다.

5마디: 오른팔을 내 몸 앞으로 든다.

6마디: 바를 잡는다.

7-8마디: 위의 '종류 2'처럼 준비 동작을 한다.

참고
4마디로 실행 가능하다.

움직임은 4마디로 행한다.

준비: 움직이는 다리의 발의 바깥쪽 가장자리를 이용한다. 서 있는 다리의 발뒤꿈치에서 발끝 쪽으로 이동한다.

1마디: 서 있는 다리를 따라 그 방향의 앞으로 이동한다.

2마디: 오른 다리의 발끝을 바닥에서 반원을 그리며 앞으로 가져온다. 무릎과 발등은 쭉 편 상태이다. 서 있는 다리를 Demi-Plié로 앉기 시작한다.

3마디: 오른 다리의 발끝을 바닥에서 반원을 그리며 2번 포지션으로 이동한다.
(혹은 '뒤로' 이동한다) 서 있는 다리를 Demi-Plié로 앉는다.
4마디: One: 움직이는 다리를 바닥에서 서 있는 다리의 뒤쪽으로 미끄러지듯이 끌어온다. 오른 다리는 서 있는 다리의 발목보다 약간 높은 위치에 붙인다. 무릎은 턴-아웃 상태이다. 발가락은 뒤로 잡아당긴다.
Two: 멈춘다.

위의 움직임은 4회 반복한다. 마지막 2박 화음에는 다음과 같이 행한다.
One: 오른 다리를 뒤쪽 열린5번 포지션으로 내려놓는다. 손을 편안하게 내려놓으면서 얼굴을 살짝 숙인다.
Two: 고개를 든다. 반대쪽 다리도 똑같이 한다. 후에 2마디, 1마디로 실행한다.

◣ 서 있는 다리의 발뒤꿈치를 돌리기

준비 동작: 오른 다리를 뒤로 놓고 열린5번 포지션으로 서 있다. 왼팔은 바를 잡고 오른쪽 팔은 편안하게 아래로 내려놓는다.
박자: 4분의 2박자

움직임은 2마디로 한다.
준비: And: 오른 다리 발끝을 왼쪽으로 돌린다. 서 있는 다리의 발뒤꿈치를 왼쪽으로 돌린다.
1마디: One-And: 오른 다리의 발의 바깥쪽 가장자리로 이동시킨다. 서 있는 다리의 발뒤꿈치를 왼쪽으로 이동한다.
Two-And: 오른 다리를 반원을 그리면서 2번 포지션으로 이동시킨다. 서 있는 다리의 발뒤꿈치는 원래대로 돌아온다.
2마디: One-And: 움직이는 다리를 바닥에서 서 있는 다리의 뒤쪽으로 미끄러지듯이 끌어온다. 오른 다리는 서 있는 다리의 발목보다 약간 높은 위치에 붙인다. 무릎은 턴-아웃 상태이다. 발가락은 뒤로 잡아당긴다.
Two: 멈춘다.

위의 움직임은 4회 반복한다. 마지막 2박 화음에는 다음과 같이 행한다.
One: 오른 다리를 뒤쪽 열린5번 포지션으로 내려놓는다. 손을 편안하게 내려놓으면서 얼굴을 살짝 숙인다.

Two: 고개를 든다.

'뒤에서'부터 실행한다. 반대쪽 다리로도 실행한다. 이 동작은 서 있는 다리의 발뒤꿈치를 돌릴 때 힘 있게 움직이는 것이 필요하다. 1마디, 4분의 1박, 8분의 1박으로도 가능하다.

■ 서 있는 다리를 Demi-Plié 상태에서 발뒤꿈치를 돌리기

위의 움직임은 서 있는 다리를 플리에 상태로 유지하는 것이 포함된 동작이다.

준비 동작: 오른 다리를 뒤로 놓고 열린5번 포지션으로 서 있다. 왼팔은 바를 잡고 오른쪽 팔은 편안하게 아래로 내려놓는다.

박자: 4분의 2박자

움직임은 2마디로 한다.

준비: And: 오른 다리 발끝을 왼쪽으로 돌린다. 서 있는 다리의 발뒤꿈치를 왼쪽으로 돌리면서 무릎을 구부린다.

1마디: One-And: 오른 다리의 발의 바깥쪽 가장자리로 이동시킨다. 서 있는 다리의 발뒤꿈치를 왼쪽으로 돌린다.

Two-And: 오른 다리로 바닥에 반원을 그려 2번 포지션까지 이동한다. Demi-Plié를 한 상태로 서 있는 다리의 발뒤꿈치를 돌린다.

2마디: One-And: 움직이는 다리를 바닥에서 서 있는 다리의 뒤쪽으로 미끄러지듯이 끌어온다. 오른 다리는 서 있는 다리의 발목보다 약간 높은 위치에 붙인다. 무릎은 턴-아웃 상태이다. 발가락은 뒤로 잡아당긴다.

Two: 멈춘다.

위의 동작을 반복한다.

바닥에서 발뒤꿈치로 둥글게 원을 그리는 움직임

▬ 기본

움직임을 실행하기 전 준비 동작은 바닥에서 발끝으로 원을 그리는 동작과 동일하다. 바닥에서 발뒤꿈치로 원을 그리는 동작을 하기에 앞서, 발끝을 쭉 펴서 하는 동작을 익히는 것이 필요하다. 이 동작은 포인트로 연습한 후 플랙스로 동작을 하는 것이며 발뒤꿈치의 가장자리를 이용하여 반원을 그려서 2번 포지션 동작을 하는 것이다. 뒤에서부터 발뒤꿈치를 사용하여 반원을 그리는 동작은 서 있는 다리를 Demi-Plié를 한 상태에서 실행하도록 한다.

준비 동작: 오른 다리를 앞으로 놓고 열린5번 포지션으로 서 있다. 왼팔은 바를 잡고 오른쪽 팔은 편안하게 아래로 내려놓는다.
박자: 4분의 2박자
준비 박자: 4마디
1-2마디: 음악을 듣는다.
3마디: One-And: 오른팔을 내 몸 앞으로 든다.
   Two-And: 바를 잡는다.
4마디: 위의 '종류 2' 처럼 준비 동작을 한다.

참고
준비 동작은 나중에 2마디로 행하는 것이 가능하다.

움직임은 4마디로 실행한다.
준비: And: 움직이는 다리의 발바닥 바깥쪽 가장자리를 눕힌다. 그리고 발끝을 서 있는 다리의 발뒤꿈치 쪽에 놓는다.
1마디: 서 있는 다리의 발을 따라서 앞에 놓는다.
움직이는 다리의 발뒤꿈치는 서 있는 다리의 발끝 앞에 위치한다.

2마디: 움직이는 다리가 플랙스 상태로 서 있는 다리의 발뒤꿈치로 이동한다. 이때, 다리의 무릎은 쭉 편 상태를 유지하고 반원을 그리며 이동한다.

3마디: 발뒤꿈치로 반원을 그리며 2번 포지션으로 이동한다.

4마디: One-And-Two: 움직이는 다리를 바닥에 서 있는 다리의 뒤쪽으로 미끄러지듯이 끌어온다. 오른다리는 서 있는 다리의 발목보다 약간 높은 위치에 붙인다. 무릎은 턴-아웃 상태이다. 발가락은 뒤로 잡아당긴다.

위의 동작을 4회 실행한다. 마지막 2박 화음에 다리와 손을 편안히 내려놓는다. 포즈를 한 후에 반대쪽 다리를 훈련한다. 후에 2마디, 1마디로 훈련 가능하다.

■ 서 있는 다리가 Demi-plié 한 상태로 움직이기

움직임은 기본적으로 원을 그리는 동작과 연관이 있다. 움직이는 다리의 발뒤꿈치를 이동하는 순간 서 있는 다리가 Demi-Plié가 되어야 한다. 그 후 Demi-Plié 자세로 앉아 있었던 서 있는 다리는 무릎을 펴고, 움직이는 다리는 처음의 준비 동작을 취한다.

■ 서 있는 다리의 발뒤꿈치를 돌리기

움직임은 앞의 설명과 유사하다. 서 있는 다리를 돌리는 것만 추가된 것이다.

준비 동작: 오른 다리를 뒤로 놓고 열린5번 포지션으로 서 있다. 왼팔은 바를 잡고 오른쪽 팔은 편안하게 아래로 내려놓는다.

박자: 4분의 2박자

움직임은 2마디로 한다.

준비: And: 움직이는 다리의 발끝을 왼쪽으로 돌린다. 서 있는 다리의 발뒤꿈치를 왼쪽으로 돌린다.

1마디: One-And: 오른발의 바깥쪽 가장자리로 이동시킨다. 서 있는 다리의 발뒤꿈치를 왼쪽으로 이동한다.

Two-And: 바닥에서 턴-아웃 상태인 오른 다리의 발바닥에서 발뒤꿈치 가장자리로 원을 그려 2번 포지션까지 이동한다.

2마디: One-And: 움직이는 다리를 바닥에서 서 있는 다리의 뒤쪽으로 미끄러지듯이 끌어온다. 오른 다리는 서 있는 다리의 발목보다 약간 높은 위치에 붙인다. 무릎은 턴-아웃 상태이다. 발가락은 뒤로 잡아당긴다.

Two: 멈춘다.

위의 움직임을 4회 반복한다. 마지막 2박 화음에 다리와 손을 편안히 내려놓는다. 포즈를 한 후에 반대쪽 다리를 훈련한다. 발뒤꿈치로 원를 그리는 동작을 '뒤'에서부터 시작한다. 위의 훈련은 1마디, 4분의 1박자, 8분의 1박자로 훈련 가능하다.

■ 서 있는 다리를 Demi-Plié 상태에서 발뒤꿈치를 돌리기

위의 동작과 비슷하나 서 있는 다리가 Demi-Plié로 상태에서 발뒤꿈치를 돌리는 동작을 추가되었다.

준비 동작: 기본과 동일하다.

박자: 4분의 2박자

움직임은 2마디로 한다.

준비: And: 움직이는 다리의 발끝을 왼쪽으로 돌린다. 서 있는 다리의 발뒤꿈치를 왼쪽으로 돌린다. 서 있는 다리의 무릎을 구부린다.

1마디: One-And: 서 있는 다리의 발뒤꿈치를 왼쪽으로 이동한다. 그 다음 오른발의 바깥쪽 가장자리로 이동시킨다.

Two-And: 바닥에서 턴-아웃 상태인 오른 다리의 발뒤꿈치 가장자리로 반원을 그려 2번 포지션까지 이동한다. 서 있는 다리를 Demi-Plié를 유지하고 발의 위치는 원래대로 돌아온다.

2마디: One-And: 서 있는 다리의 뒤쪽으로 움직이는 다리를 미끄러뜨리듯 끌어온다. 오른 다리는 서 있는 다리의 발목보다 약간 높은 위치에 붙인다. 무릎은 턴-아웃 상태이다. 발가락은 뒤로 잡아당긴다.

Two: 멈춘다.

참고

바닥에서 발끝 혹은 발뒤꿈치로 원을 그리는 동작을 할 때, 발끝과 발뒤꿈치의 움직임을 느리거나 빠르게 할 수 있다. 또, 무릎을 구부리거나 편 상태로, 발뒤꿈치를 돌리거나 돌리지 않고 동작을 수행할 수 있으며 손의 움직임도 추가할 수 있다. 하나의 움직임에 모든 종류의 움직임을 다 포함시킬 필요는 없다. 하지만 발목의 인대를 강화시키기 위해 한 개나 두 개 정도를 포함시키는 것이 좋으며 이를 반복하는 훈련이 필요하다.

보시묘르꾸 восьмерку

〈보시묘르꾸восьмерку〉는 바닥에서 원을 그리는 동작이 완성된 상태이다. 처음에 〈보시묘르까〉는 서 있는 다리의 무릎을 편 상태에서 시작하여 Demi-Plié 상태로 진행한다. 〈라스좌지꼬이растяжкой〉와 함께 실행하기도 한다. 또한 서 있는 다리를 up한 상태로 마무리하는 것이 가능하다.

▰ 기본

준비 동작: 기본 다리로 원 그리기와 동일하다.

박자: 4분의 2박자

움직임은 2마디로 한다.

준비: And: 준비 동작에서 움직이는 다리의 발을 바깥쪽 옆 가장자리로 눕히고 서 있는 다리의 발뒤꿈치에서 발끝으로 이동시킨다.

1마디: One-And: 서 있는 다리의 앞쪽으로 발바닥을 따라서 이동한다.

Two-And: 오른 다리의 발끝으로 2번 포지션까지 반원을 그리며 이동한다. 무릎과 발등은 펴진 상태이다.

2마디: One: 오른 다리를 열린 5번 포지션 뒤로 닫는다.

And-Two: 오른 다리 발끝을 뒤로 보낸다. 반원을 그리며 2번 포지션으로 이동한다.

위의 동작을 반복한다. 마지막 2박 화음에 다리를 닫고 팔을 아래로 편안히 내린다. 포즈를 취한 후에 반대쪽 다리로 실행한다. 움직임은 마치 바닥에 8자 모양을 그리듯이 부드럽게 이어지도록 실행한다. 후에 바닥에서 하는 〈보시묘르까〉는 1마디에 빠른 템포로 수행할 수 있다.

▰ 서 있는 다리가 Demi-Plié 상태에서 하기

움직임 훈련은 〈보시묘르까〉에서 무릎을 두 번 구부리고 펴는 동작을 포함한다.

준비 동작: 기본 다리로 원 그리기와 동일하다.

박자: 4분의 2박자

움직임은 2마디로 한다.

준비: And: 준비 동작에서 움직이는 다리의 발을 바깥쪽 옆 가장자리로 눕히고 서 있는 다리의 발뒤꿈치에서 발끝으로 이동시킨다.

1마디: One-And: 서 있는 다리의 앞쪽으로 발바닥을 따라서 이동한다. 이때 Demi-Plié를 한다.
Two-And: 오른 다리의 발끝으로 2번 포지션까지 반원을 그리며 이동한다. 두 다리의 무릎을 쭉 편다.

2마디: One: 오른 다리를 뒤쪽 열린5번 포지션으로 이동한다. 서 있는 다리를 Demi-Plié로 앉는다.

And-Two: 오른 다리의 발끝을 뒤로 보낸다. 두 다리의 무릎을 펴면서 2번 포지션으로 반원을 그리면서 이동한다.

위의 동작을 반복한다.

■ 라스좌지꼬이 растяжкой 와 함께 훈련하기[8]

〈보시묘르까〉가 첫 번째 훈련이라면, 〈라스좌지꼬이〉는 두 번째로, 발전된 훈련이다. 이 동작은 앞으로 보낸 후에 정면1번 포지션을 거쳐(두 다리의 발바닥을 up한 상태로 미끄러지듯이 지나간다) 서 있는 다리가 Demi-Plié의 상태로, 움직이는 다리를 뒤로 보내고(남자 클래스에서는 Grand-Plié로 앉기도 한다) 움직이는 다리가 다시 정면1번 포지션으로 돌아온다. 이때 서 있는 다리의 무릎은 쭉 편다. 움직이는 다리는 열린5번 포지션으로 돌아온다. 발끝을 오른쪽 옆으로 보내고 다시 처음 준비 포지션을 한다.

준비 동작: 기본 다리로 원 그리기와 동일하다.
박자: 4분의 2박자
움직임은 4마디로 한다.
1-2마디: 〈보시묘르꾸〉동작을 실행한다.
3마디: 〈라스좌지꼬이〉

One-And: 정면1번 포지션을 한 후에 오른 다리의 발바닥 전체를 미끄러지듯이 뒤로 보낸다. 서 있는 다리는 Demi-Plié 상태로 앉는다(Grand-Plié로 앉는 것도 가능하다). 〈라스좌지꼬이〉는 움직이는 다리를 up한 상태로 이끈다. 무게 중심은 서 있는 다리에 있다.

Two-And: 서 있는 다리의 무릎을 편다. 움직이는 다리는 발바닥을 미끄러지듯이 끌어오면서 정면1번 포지션을 거쳐 앞으로 놓는다(움직이는 다리의 발뒤꿈치가 서 있는 다리의 발끝에 놓인다).

---

8) 라스좌지꼬이는 '스트레칭'의 의미를 지닌다.

4마디: One: 오른 다리의 발끝을 오른쪽으로, 왼 다리의 발뒤꿈치를 오른쪽으로 한 후 열린5번 포지션으로 모은다.

And: 오른 다리의 발끝을 오른쪽으로 보낸다. 무게 중심을 왼 다리로 이동시킨다.

Two: 움직이는 다리를 서 있는 다리의 뒤쪽으로 미끄러지듯이 보낸다. 오른 다리는 서 있는 다리의 발목보다 약간 높은 위치에 붙인다. 무릎은 턴-아웃 상태이다. 발가락은 뒤로 잡아당긴다.

위의 움직임을 4회 반복한다. 마지막 2박 화음에 포즈로 서 있고 손을 편안히 아래로 내려놓는다. 포즈를 한 후에 반대쪽 다리를 실행한다. 후에 〈보시묘르까〉와 〈라스좌지꼬이〉를 조합하여 2마디 안에 더 빠른 템포로 사용해도 된다.

공중에서 발끝을 쭉 편 상태에서 원으로 그리기

■ 기본

준비 동작: '종류2' 다리로 원 그리기와 동일하다.

박자: 4분의 3박자

움직임은 4마디로 한다.

준비: And: 움직이는 다리의 무릎을 왼쪽으로 돌린다.
1마디: 다리의 무릎을 왼쪽 앞 사선 방향으로 쭉 편다.
2마디: 원을 그리면서 앞쪽으로 이동한다.
3마디: 반원을 그리면서 옆쪽으로 이동한다.
4마디: One: 움직이는 다리를 서 있는 다리의 뒤쪽으로 미끄러지듯이 보낸다. 오른 다리는 서 있는 다리의 발목보다 약간 높은 위치에 붙인다. 무릎은 턴-아웃 상태이다. 발가락은 뒤로 잡아당긴다.
   Two: 멈춘다.

위의 움직임은 4회 반복한다. 마지막 2박 화음에 움직이는 다리를 5번 포지션으로 하고 팔은 편안히 아래로 내려놓는다. 포즈를 한 후에 반대쪽 다리로 훈련한다. 움직이는 다리의 방향으로 얼굴을 돌려 마무리를 짓는다. 움직이는 다리를 뒤에서부터 행하는 것이 가능하다(이 경우에 서 있는 다리의 뒤쪽으로 포인트 상태로 다리를 이동한다). 후에 이 동작은 2마디 혹은 1마디의 빠른 템포로 실행하는 것이 가능하다. 또한 손 움직임을 추가할 수도 있다. 다리가 반원을 그리며 이동할 때 팔은 1번 포지션을 지나 2번 포지션으로 이동하고 손을 허리에 얹을 때 움직이는 다리도 서 있는 다리 쪽에 붙인다.

▰ Demi-Plié 상태로 하기

종류 1.

준비 동작: '종류 3' 다리로 원 그리기와 동일하다.
박자: 4분의 3박자
움직임은 4마디로 한다.

1마디: 다리의 무릎을 왼쪽 앞 사선 방향으로 쭉 편다. 서 있는 다리를 Demi-Plié로 앉는다. 움직이는 다리의 무릎을 왼쪽으로 돌린다. 두 다리를 턴-아웃 상태로 동작을 취한다.
2마디: 원을 그리면서 앞쪽으로 이동한다.
3마디: 반원을 그리면서 오른쪽 옆으로 이동한다. 서 있는 다리는 준비 동작처럼 편안하게 선다.
4마디: One: 움직이는 다리를 바닥에 서 있는 다리의 뒤쪽으로 미끄러지듯이 보낸다. 오른 다리는 서 있는 다리의 발목보다 약간 높은 위치에 붙인다. 무릎은 턴-아웃 상태이다. 발가락은 뒤로 잡아당긴다.
      Two: 멈춘다.
공중에서 다리로 원을 그리는 동작은 포인트 상태를 유지한다.

■ 서 있는 다리의 발뒤꿈치를 돌리기

박자: 4분의 3박자

움직임은 4마디로 한다.

준비: And: 움직이는 다리의 발끝을 왼쪽으로 돌린다. 서 있는 다리의 발뒤꿈치를 왼쪽으로 돌린다.
1마디: 서 있는 다리는 Demi-Plié로 앉으면서 움직이는 다리를 왼쪽-앞쪽으로 높지 않게 든다.
2마디: 원을 그려 턴-아웃 상태로 움직이는 다리를 앞쪽으로 가져온다.
3마디: 반원을 그리며 오른쪽 방향으로 이동한다. 서 있는 다리를 조금 더 턴-아웃 한다.
4마디: One: 움직이는 다리를 바닥에서 서 있는 다리의 뒤쪽으로 미끄러지듯이 끌어온다. 오른 다리는 서 있는 다리의 발목보다 약간 높은 위치에 붙인다. 무릎은 턴-아웃 상태이다. 발가락은 뒤로 잡아당긴다.
      Two-Three: 멈춘다.
위의 움직임은 기본 동작을 공중에서 하는 것과 같다.

■ 살짝 뛰는 동작과 함께하기

준비 동작: '종류 2' 다리로 원 그리기와 동일하다.

참고
이 동작은 서 있는 다리가 up 상태로 무릎을 구부린 상태로 실행한다.

박자: 4분의 3박자

움직임은 2마디로 한다.

1마디: One: 서 있는 다리를 살짝 뛴다. 움직이는 다리를 왼쪽 앞 사선 방향으로 쭉 편다.

Two-Three: 원을 그리면서 앞쪽으로 이동한다.

2마디: One-Two: 반원을 그리면서 오른쪽 옆으로 이동한다(혹은 뒤로 이동한다).

Three: 서 있는 다리를 살짝 뛰면서 움직이는 다리의 무릎을 구부리고 발뒤꿈치를 서 있는 다리 뒤에 붙인다. 발은 포인트 한 상태이다.

위의 움직임을 4회 반복한다. 마지막 2박 화음에 up으로 서 있는 다리를 내려놓고 두 다리의 무릎을 펴면서 5번 포지션을 한다. 포즈를 한 후에 반대쪽 다리도 실행한다. 위의 움직임은 1마디 안에 실행 가능하다. 팔은 기본 포지션으로 유지한다.

◼ 살짝 뛰면서 서 있는 다리의 발뒤꿈치를 돌리기

준비 동작: 위와 같다.

박자: 4분의 3박자

움직임은 2마디로 한다.

1마디: One: 서 있는 다리를 살짝 뛰면서 발뒤꿈치를 왼쪽으로 돌린다. 움직이는 다리는 왼쪽앞 사선 방향으로 쭉 편다.

Two-Three: 원을 그리면서 앞쪽으로 이동한다. 서 있는 다리의 발뒤꿈치를 오른쪽으로 돌린다.

2마디: One-Two: 반원을 그리면서 오른쪽 옆으로 이동한다(혹은 뒤로 이동한다).

Three: 서 있는 다리를 살짝 뛰면서 움직이는 다리의 무릎을 구부리고 발뒤꿈치를 서 있는 다리 뒤에 붙인다. 발은 포인트 한 상태이다.

위의 움직임은 4분의 4박자의 1마디 안에 실행 가능하다. 이때 살짝 뛰는 동작은 One와 Three에 실행한다.

플랙스 한 상태로 공중에서 원 그리기

◣ 기본

준비 동작: '종류 2 다리로 원 그리기와 동일하다.

박자: 4분의 3박자

움직임은 4마디로 한다.

준비: And: 오른 다리의 무릎을 왼쪽으로 돌린다.

1마디: 움직이는 다리를 왼쪽 앞 사선 방향으로 높지 않게 쭉 편다.

2마디: 발은 플랙스로 반원을 그리면서 앞쪽으로 이동한다.

3마디: 움직이는 다리는 반원을 그리면서 오른쪽으로 이동한다.

4마디: One: 움직이는 다리를 바닥에 서 있는 다리의 뒤쪽으로 미끄러지듯이 보낸다. 오른 다리는 서 있는 다리의 발목보다 약간 높은 위치에 붙인다. 무릎은 턴-아웃 상태이다. 발가락은 뒤로 잡아당긴다.

Two: 멈춘다.

위의 움직임을 4회 반복한다. 마지막 2박 화음에 up으로 서 있는 다리를 내려놓고 두 다리의 무릎을 펴면서 5번 포지션을 한다. 포즈를 한 후에 반대쪽 다리도 실행한다. 반원을 그릴 때, '뒤로' 보내는 것까지 가능하다. 위의 움직임은 2마디 혹은 1마디 안에 실행 가능하다. 다리가 반원을 그리며 이동할 때 팔은 1번 포지션을 지나 2번 포지션으로 이동하고 손을 허리에 얹을 때 움직이는 다리도 서 있는 다리 쪽에 붙인다.

◣ Demi-Plié 상태로 하기

종류 1.

준비 동작: '종류 2' 다리로 원 그리기와 동일하다.

박자: 4분의 3박자

움직임은 4마디로 한다.

준비: And: 오른 다리의 무릎을 왼쪽으로 돌리면서 서 있는 다리를 Demi-Plié로 앉는다.
1마디: 움직이는 다리를 왼쪽-앞에서 높지 않게 쭉 편다.
2마디: 발은 플랙스로 반원을 그리면서 앞쪽으로 이동한다.
3마디: 움직이는 다리는 반원을 그리면서 오른쪽으로 이동한다.
4마디: One: 움직이는 다리를 바닥에 서 있는 다리의 뒤쪽으로 미끄러지듯이 보낸다. 서 있는 다리의 무릎을 쭉 편다. 발은 포인트 한다.
　　　　Two: 멈춘다.

종류 2.
위의 동작과 다 똑같이 진행한다. 단, 2마디에서 무릎을 펴고, 3마디에서 서 있는 다리를 다시 Demi-Plié로 앉으면서 오른쪽 혹은 뒤로 보내고 동작을 이행한다.

■ 서 있는 다리의 발뒤꿈치를 돌리기

준비 동작: '종류 2' 다리로 원 그리기와 동일하다.
박자: 4분의 3박자
움직임은 4마디로 한다.

1마디: 서 있는 다리는 Demi-Plié로 앉으면서, 움직이는 다리를 왼쪽 앞 사선 방향으로 높지 않게 쭉 편다. 이때 서 있는 다리의 발뒤꿈치도 왼쪽으로 돌린다.
2마디: 발은 플랙스로 반원을 그리면서 앞쪽으로 이동한다. 서 있는 다리의 발뒤꿈치를 오른쪽으로 돌린다.
3마디: 움직이는 다리는 반원을 그리면서 오른쪽으로 이동한다.
4마디: One: 움직이는 다리를 바닥에 서 있는 다리의 뒤쪽으로 미끄러지듯이 보낸다. 서 있는 다리의 무릎을 편다. 편다. 발은 포인트 한다.
　　　　Two: 멈춘다.

아래와 같이 플랙스 한 상태로 공중에서 원 그리는 동작을 실행한다.

◣ 살짝 뛰는 동작과 함께하기

준비 동작: '종류 2' 다리로 원 그리기와 동일하다.

참고
이 동작은 서 있는 다리를 up 상태로 하고 무릎을 구부린 상태로 실행한다.

박자: 4분의 3박자

움직임은 2마디로 한다.

1마디: One: 움직이는 다리를 왼쪽 앞 사선 방향으로 높지 않게 쭉 펴면서 서 있는 다리를 살짝 뛴다.

Two-Three: 플렉스를 한 상태로 원을 그리면서 앞쪽으로 이동한다.

2마디: One-Two: 반원을 그리면서 오른쪽 옆으로 이동한다(혹은 뒤로 이동한다).

Three: 서 있는 다리를 살짝 뛰면서 움직이는 다리의 무릎을 구부리고 발뒤꿈치를 서 있는 다리 뒤에 붙인다. 발은 포인트 한 상태이다.

후에 1마디로 실행 가능하다.

■ 살짝 뛰면서 서 있는 다리의 발뒤꿈치를 돌리기

준비 동작: 위와 동일하다.

박자: 4분의 3박자

움직임은 2마디로 한다.

1마디: One: 서 있는 다리는 살짝 뛰면서 발뒤꿈치를 왼쪽으로 돌린다. 움직이는 다리를 왼쪽앞 사선 방향으로 높지 않게 쭉 편다.

Two-Three: 발은 플렉스로 반원을 그리면서 앞쪽으로 이동한다. 서 있는 다리의 발뒤꿈치를 오른쪽으로 돌린다.

2마디: One-Two: 움직이는 다리는 반원을 그리면서 오른쪽 혹은 뒤로 이동한다. 서 있는 다리를 처음 준비 동작의 자세로 돌린다.

Three: 서 있는 다리를 살짝 뛰면서 움직이는 다리의 무릎을 구부리고 발뒤꿈치를 서 있는 다리 뒤에 붙인다. 발은 포인트 한 상태이다.

위의 동작은 4분의 4박자로 1마디로 실행하는 것이 가능하고, One, Three에 살짝 뛴다.

PART 05

힐 HEEL 의 움직임[9]

이 움직임은 Demi-Plié를 동반한다. 움직이는 다리의 발뒤꿈치가 앞으로 나갔다가 다시 돌아오는데, 서 있는 다리 역시 발뒤꿈치가 바닥으로 내려왔다가 바닥에서 다시 들린다(바닥에서 up한 상태로 이동한다). 힐의 움직임은 '낮게, 중간, 높게'로 높이 조정이 가능하다. 힐의 움직임은 무릎, 발목, 종아리 근육, 허벅지 근육, 아킬레스건을 강화시켜 준다. 기본적으로 열린3번 포지션과 열린 5번 포지션에서 힐의 움직임을 사용한다. 또한 정면1번 포지션에서도 사용 가능하다. 위의 움직임은 발을 바꿀 때 사용되거나, 〈코뷔랴로취꼬이(ковырялочкой)〉, 점프를 할 때도 사용된다. 또한 〈말린끼미 브라스카미(Маленькими бросками: 작은 점프)〉, 〈드로브늬미 스투키바니야미(дробными выстукиваниями)〉, 〈베레보치케(веревочке)〉의 움직임을 하기 위한 준비 동작 등의 콤비네이션에서 활용된다. 위의 움직임은 러시아, 벨로루시 등의 민속춤에서 사용된다.

---

[9] 국어사전에서는 "굽이 높은 여성용 구두"라고 정의되어 있다. 캐릭터 댄스에서는 남성, 여성이 슈즈를 신고 바닥을 치거나 찍으면서 훈련한다.

낮은 높이의 힐의 움직임

◤ 기본

준비: 열린3번 포지션으로 서 있다. 오른 다리를 앞으로 하고, 팔은 편안하게 내려놓는다. 〈데가제〉 동작의 〈전주, 준비 동작: 파트 3〉에서 기본과 같다.
2마디로 움직임을 수행한다.

1마디: One: 준비 동작으로부터 서 있는 다리의 발뒤꿈치를 바닥으로 내려놓으면서 오른 다리를 플랙스로 서 있는 다리의 발목 쪽으로 들어 올린다.

And: 멈춘다.

Two: 서 있는 다리의 발뒤꿈치를 들면서 오른 다리의 발뒤꿈치를 앞으로 보낸다. 오른 다리의 무릎은 쭉 펴져 있다.

And: 멈춘다.

2마디: One: 서 있는 다리의 발뒤꿈치를 바닥에 내려놓으면서 오른 다리를 플랙스 상태로 서 있는 발목 앞쪽으로 가져온다.

And: 멈춘다.

Two: 서 있는 다리의 발뒤꿈치를 들면서 발바닥 전체로 오른 다리를 왼 다리의 앞쪽 열린 3번 포지션에서 바닥을 친다.

And: 멈춘다.

힐의 움직임은 턴-아웃 상태로 동작을 훈련하고 앞쪽, 뒤쪽, 오른쪽 순으로 반복한다. 마지막 2박 화음에 Demi-Plié로 앉은 상태에서 무릎을 펴고 서 있는 다리의 발뒤꿈치를 바닥으로 내려놓으면서 일어난다. 손 역시 아래로 편안하게 내려놓는다.

반대쪽 다리로 반복한다. 힐의 움직임을 앞이나 뒤로 할 때에는 얼굴은 오른쪽을 봐야 하고, 정면으로 실행할 때에는 정면을 바라봐야 한다. 위의 움직임은 빠른 템포로 1마디 안에 실행 가능하다.

다음은 움직이는 다리 발바닥으로 바닥을 두 번 치는 움직임이다.

1마디: 위와 같다.

2마디: One: 서 있는 다리의 발뒤꿈치를 바닥에 내려놓으면서 오른 다리를 플랙스 상태로 서 있는 발목 앞쪽으로 가져온다.

And: 오른 다리를 왼 다리의 앞쪽 3번 포지션에서 발바닥으로 바닥을 치고 다시 들어 올린다.

Two: 서 있는 다리의 발뒤꿈치를 들어 올리면서 오른 다리가 3번 포지션에서 발바닥으로 바닥을 친다.

다음은 움직이는 다리가 발바닥으로 바닥을 두 번 치는 동작을 1마디 안에서 행하는 예시이다.

One: 서 있는 다리의 발뒤꿈치를 바닥으로 내려놓으면서 오른 다리를 플랙스로 서 있는 다리의 발목 쪽으로 들어 올린다.

And: 서 있는 다리의 발뒤꿈치를 들어 올리면서 오른 다리의 발뒤꿈치를 앞에 놓는다.

Two: 서 있는 다리의 발뒤꿈치를 바닥에 내려놓으면서 오른 다리를 플랙스 상태로 서 있는 발목 앞쪽으로 가져온다.

And: 서 있는 다리의 발뒤꿈치를 들어 올리면서 오른 다리는 3번 포지션에서 발바닥으로 바닥을 두 번 친다.

위의 움직임은 아래의 팔의 움직임과 같이 하는 것이 가능하다.

1마디: One: 오른팔을 1번 포지션으로 들어 올린다.

And: 멈춘다.

Two: 2번 포지션으로 팔을 펼친다.

And: 멈춘다.

2마디: One: 오른팔을 1번 포지션으로 가져온다.

And: 멈춘다.

Two: 손바닥을 허리에 얹는다.

And: 멈춘다.

> **참고**
>
> 위의 움직임을 할 때, 상체를 평평하고 탄탄하게 유지하는 것이 필요하고 Grand-Plie로 깊게 앉거나 포인트 동작은 하지 않는다.

■ 발뒤꿈치에서 발끝으로 바꾸기, 발끝에서 발뒤꿈치로 바꾸기

준비: 열린3번 포지션으로 서 있다. 오른 다리를 앞으로 하고, 팔은 편안하게 내려놓는다.
〈데가제〉 동작의 〈전주, 준비 동작: 파트 3〉에서 기본과 같다.

4마디로 움직임을 수행한다.

1마디: One: 준비 동작에서 서 있는 다리의 발뒤꿈치를 바닥으로 내려놓으면서 오른 다리를 플랙스로 서 있는 다리의 발목 쪽으로 들어 올린다.

And: 멈춘다.

Two: 서 있는 다리의 발뒤꿈치를 들어 올리면서 오른 다리를 턴-아웃 상태에서 발뒤꿈치를 오른쪽으로 보낸다. 무릎은 오른쪽으로 쭉 편다.

And: 멈춘다.

2마디: One: 오른 다리의 무릎을 왼쪽으로 돌리면서 서 있는 다리의 발뒤꿈치를 내려놓는다. 오른 다리의 발바닥을 살짝 든다. 무릎은 구부린 상태이다.

And: 멈춘다.

Two: 서 있는 다리의 발뒤꿈치를 들면서 오른 다리를 up 상태로 선다.

And: 멈춘다.

3마디: One: 서 있는 다리의 발뒤꿈치를 내려놓으면서 오른 다리는 턴-아웃 상태로 돌려 공중으로 든다.

And: 멈춘다.

Two: 서 있는 다리의 발뒤꿈치를 들어 올리면서 오른 다리의 발뒤꿈치를 내려놓는다.

And: 멈춘다.

4마디: One: 서 있는 다리의 발뒤꿈치를 바닥으로 내려놓으면서 오른 다리를 플랙스로 서 있는 다리의 발목 쪽으로 들어 올린다.

And: 멈춘다.

Two: 서 있는 다리의 발뒤꿈치를 들어 올리면서 오른 다리가 3번 포지션에서 발바닥으로 바닥을 친다.

And: 멈춘다.

위의 동작을 4회 반복한다. 마지막 2박 화음에 두 다리의 무릎을 쭉 펴고, 발뒤꿈치를 내려놓으며 팔을 편안하게 내려놓는다. 포즈를 취한 후에 반대쪽 다리를 실행한다.

다음과 같은 팔의 움직임을 추가한다.

1마디: One: 오른팔을 1번 포지션으로 들어 올린다.
And: 멈춘다.
Two: 2반 포지션으로 팔을 펼친다.
And: 멈춘다.
2마디: One: 오른팔을 1번 포지션으로 가져온다.
And: 멈춘다.
Two: 손바닥을 허리에 얹는다.
And: 멈춘다.

3마디: One: 오른팔을 1번 포지션으로 가져온다.

And: 멈춘다.

Two: 2반 포지션으로 팔을 펼친다.

And: 멈춘다.

4마디: One: 오른팔을 1번 포지션으로 가져온다.

And: 멈춘다.

Two: 손바닥을 허리에 얹는다.

And: 멈춘다.

위의 움직임은 2마디 안에 실행하는 것이 가능하다.

중간 높이의 힐의 움직임

▰ 기본

준비: 열린5번 포지션으로 서 있다. 오른 다리를 앞으로 하고, 팔은 편안하게 내려놓는다.
〈데가제〉 동작의 〈전주, 준비 동작: 파트 3〉을 실행한다.

2마디로 움직임을 수행한다.

1마디: One: 서 있는 다리의 발뒤꿈치를 바닥으로 내려놓으면서 오른 다리의 발바닥을 서 있는 다리의 종아리 근육 중간까지 끌어올린다. 오른 다리는 포인트 한 상태이다.

And: 멈춘다.

Two: 서 있는 다리의 발뒤꿈치를 들면서 오른 다리의 발뒤꿈치를 앞으로 보낸다. 오른 다리의 무릎은 쭉 펴져 있고 플랙스 한 상태이다.

And: 멈춘다.

2마디: One: 서 있는 다리의 발뒤꿈치를 바닥에 내려놓으면서 오른 다리를 서 있는 다리의 종아리 안쪽 근육 중간으로 가져온다. 오른 다리의 무릎이 구부러진 상태로 포인트 상태이다.

And: 멈춘다.

Two: 서 있는 다리의 발뒤꿈치를 들면서 오른 다리를 발바닥 전체로 왼 다리의 앞 열린5번 포지션에서 바닥을 친다.

And: 멈춘다.

힐의 움직임은 턴-아웃 상태로 동작을 훈련하고 오른쪽, 뒤쪽, 오른쪽 순으로 반복한다. 마지막 2박 화음에 Demi-Plié로 앉은 상태에서 무릎을 펴고 서 있는 다리의 발뒤꿈치를 바닥으로 내려놓으면서 일어난다. 손 역시 아래로 편안하게 내려놓는다.

반대쪽 다리도 반복한다. 위의 움직임은 빠른 템포로 1마디 안에서 팔의 움직임을 추가로 실행하는 것이 가능하다.

움직이는 다리는 정면을 향한 상태에서 발뒤꿈치를 들고 앞, 뒤로 놓는 것이 가능하다.

위의 움직임은 5번 포지션으로 돌아올 때 발뒤꿈치를 드는 순간 포인트 동작이 추가된 동작이다.

■ up한 상태에서 바닥을 쓸면서 바닥 치기

준비: 열린5번 포지션으로 서 있다. 오른 다리를 앞으로 하고, 팔은 편안하게 내려놓는다.
〈데가제〉 동작의 〈전주, 준비 동작: 파트 3〉 기본과 같다.

1마디로 움직임을 수행한다.

1마디: One: 서 있는 다리의 발뒤꿈치를 바닥으로 내려놓으면서 오른 다리의 발바닥을 서 있는 다리의 종아리 안쪽 근육 중간까지 끌어올린다. 오른 다리는 포인트 한 상태이다.

And: 서 있는 다리의 발뒤꿈치를 들면서 오른 다리의 발뒤꿈치를 앞으로 보낸다. 그 다음 발가락으로 '내 쪽으로'바닥을 쓸어서 든다.

Two: 서 있는 다리를 바닥으로 내려놓으면서 오른 다리를 서 있는 다리의 발목보다 약간 높은 위치로 가져온다. 오른 다리는 포인트 한 상태이다.

And: 서 있는 다리의 발뒤꿈치를 들어 올리고 움직이는 다리를 5번 포지션으로 가져오면서 발바닥으로 바닥을 친다.

위의 움직임을 반복한다.

■ up한 상태에서 이동하기

준비: 열린3번 포지션으로 서 있다. 오른 다리를 앞으로 하고, 팔은 편안하게 내려놓는다.
전주, 준비 동작: 2마디

1마디: 음악을 듣는다.

2마디: One-And: 팔을 든다.

　　　　Two: 바를 잡는다.

　　　　And: 서 있는 다리가 앉으면서 오른 다리를 포인트 상태로 든다.

움직임은 1마디로 수행한다.

1마디: One: 오른 다리를 힘 있게 up 상태로 서고 다시 오른 다리를 들면서 왼 다리를 up 상태로 이동한다.

　　　　And: 왼 다리를 들면서 오른 다리를 up 상태로 이동한다.

　　　　Two: 왼 다리를 발바닥으로 선다. 오른발로 서 있는 다리의 안쪽 종아리 근육까지 쓸어서 들어 올린다. 오른 다리는 포인트 상태이다.

　　　　And: 오른 다리의 발뒤꿈치를 앞에 놓고 무릎을 편다. 왼 다리를 플랙스 한 상태로 발목보다 약간 높게 뒤쪽에 붙인다.

위의 움직임은 오른쪽, 뒤쪽, 오른쪽으로 실행한다. 마지막 2박 화음은 다음과 같이 훈련한다.

　　　　One: 두 다리의 무릎을 편다(몸의 중심은 서 있는 다리 쪽으로 이동한다).

　　　　Two: 움직이는 다리를 3번 포지션으로 닫는다. 손을 편안하게 아래로 내려놓는다.

포즈를 한 후 반대쪽을 실행한다.

팔의 움직임은 다음과 같다.

　　　　One-And: 손을 허리에 얹는다.

　　　　Two-And: 1번을 거쳐 2번 포지션 손바닥을 위로 향하게 한다.

후에는 다음과 같이 한다.

　　　　One-And: 1번 포지션을 한 후 손을 허리에 얹는다.

　　　　Two-And: 2번 포지션 손바닥을 위로 향하게 한다.

▬ 코뷔랴로취꼬이 ковырялочкой 와 함께 하기

종류 1. 발바닥으로 한 번 바닥 치기와 함께

오른쪽으로 오른 다리, 왼쪽으로 왼 다리만 사용한다.

준비: 열린3번 포지션으로 서 있다. 오른 다리를 앞으로 하고, 팔은 편안하게 내려놓는다.

전주, 준비 동작: 2마디

1마디: 음악을 듣는다.

2마디: One-And: 팔을 든다.

    Two: 바를 잡는다.

    And: 서 있는 다리의 발뒤꿈치를 들면서 Demi-Plié로 앉는다.

움직임은 2마디로 실행한다.

1마디: One: 서 있는 다리의 발뒤꿈치를 내려놓으면서 움직이는 다리의 발바닥을 오른쪽으로 이동시킨다. 무릎은 구부려져 있고 발앞꿈치로 바닥을 누른다. 몸통은 왼쪽으로 돌려 뒤쪽으로 젖힌다. 얼굴은 오른쪽, 시선은 오른 다리의 발뒤꿈치를 본다.

    And: 서 있는 다리를 up으로 서면서 오른 다리를 up한 상태로 높지 않게 선다.

    Two: 서 있는 다리의 발뒤꿈치를 바닥으로 내려놓는다. 오른 다리는 오른쪽으로 무릎과 발등을 쭉 펴면서 높지 않게 펼친다.

    And: 서 있는 다리의 발뒤꿈치를 들어 올리면서 오른 다리를 플랙스 한 상태로 발뒤꿈치로 선다.

2마디: One: 서 있는 다리의 발뒤꿈치를 바닥으로 내려놓으며 움직이는 다리의 발바닥을 서 있는 다리의 발목보다 약간 위-앞으로 가져온다. 움직이는 다리는 포인트 상태이다.

    And: 멈춘다.

    Two: 서 있는 다리의 발뒤꿈치를 들어 올리면서 오른 다리를 왼 다리 앞쪽으로 가져와 3번 포지션을 하며 발바닥으로 바닥을 친다.

    And: 멈춘다.

위의 움직임은 4회 반복한다. 마지막 2박 화음에 Demi-Plié에서 무릎을 펴고 서 있는 다리의 발뒤꿈치를 바닥으로 내려놓는다. 포즈 후에 반대쪽 다리를 실행한다. 움직임은 빠른 템포로 1마디 안에서 실행 가능하다. 움직이는 다리의 움직임은 날카롭고 강하게 발가락과 발끝으로 찍어야 한다. 서 있는 다리 역시 바닥으로 발뒤꿈치를 내려놓을 때 강하고 단단하게 해야 한다.

팔의 움직임은 다음과 같다.

1마디: One-And: 손을 허리에 얹는다.

      Two-And: 1번을 거쳐 손바닥이 위로 향한 2번 포지션을 한다.

2마디: One-And: 1번 포지션으로 가져온다.

      Two-And: 손을 허리에 얹는다.

종류 2. 발바닥으로 두 번 바닥 치기와 함께

2마디 And-Two에 움직이는 다리의 발바닥으로 3번 포지션에서 바닥을 두 번 친다.

높은 높이의 힐의 움직임

◣ 기본

준비: 열린3번 포지션으로 서 있다. 오른 다리를 앞으로 하고, 팔은 편안하게 내려놓는다.

전주, 준비 동작: 2마디로 움직임을 수행한다.

1마디: One-And: 서 있는 다리의 발뒤꿈치를 내려놓으면서 움직이는 다리를 서 있는 다리의 앞쪽 무릎까지 발바닥으로 쓸어 올린다.

      Two-And: 서 있는 다리의 발뒤꿈치를 들면서 움직이는 다리의 발뒤꿈치를 무릎 위에서 앞으로 보낸다. 움직이는 다리의 무릎은 쭉 편 상태고 발은 플렉스 상태이다.

1마디: One-And: 서 있는 다리의 발뒤꿈치를 바닥으로 내려놓으면서 오른 다리는 서 있는 다리의 무릎 쪽으로 발바닥을 가져온다.

      Two-And: 서 있는 다리의 발뒤꿈치를 들면서 움직이는 다리는 3번 포지션을 하고 앞쪽에 가져온다.

위의 움직임은 중간 높이의 힐의 움직임 훈련과 같다.

▰ 점프해서 무릎을 열고 발뒤꿈치로 이동하기

Demi-Plié로 앉아 턴-아웃 상태로 움직임을 실행한다. 몇 번 정도 다리에서 다리로 이동을 한 후에 점프를 하고 움직이는 다리를 발뒤꿈치 방향쯤에서 무릎을 연다.

준비: 열린3번 포지션으로 서 있다. 오른 다리를 앞으로 하고, 팔은 편안하게 내려놓는다.
전주, 준비 동작: 2마디로 움직임을 수행한다(중간 힐 높이에서 up한 상태에서 이동하기와 같음).
움직임은 1마디로 실행한다.
1마디: One: 오른 다리를 왼 다리 뒤로 들어 올리면서 오른 다리를 살짝 뛰면서 이동한다. 오른 다리를 왼 다리 앞으로 들어 올리면서 왼 다리를 살짝 뛴다.
And: 오른 다리를 왼 다리 뒤로 들어 올리면서 오른 다리를 살짝 뛰면서 이동한다.
Two: 오른 다리의 무릎을 구부려 위쪽으로 점프하면서 움직이는 다리의 발바닥을 서 있는 다리의 무릎 쪽으로 가져온다.
And: 서 있는 다리는 점프했다가 구부리면서 오른 다리의 발뒤꿈치를 앞으로 연다. 움직이는 다리의 무릎은 펴져 있고 발은 플랙스 상태이다.

위의 움직임은 움직이는 다리를 오른쪽, 뒤쪽, 오른쪽으로 실행 가능하다. 마지막 2박 화음은 다음과 같이 한다.
One: 두 다리의 무릎을 펴고(몸의 중심은 서 있는 다리 쪽에 둔다) up으로 올라간다.
Two: 움직이는 다리를 앞쪽에 3번 포지션 위치에 놓고 팔을 편안하게 내려놓는다.
잠시 후에 반대쪽 다리를 실행한다. 팔의 움직임을 추가하고 싶으면 다음과 같이 훈련한다.
1마디: One-And: 손을 허리에 얹는다.
Two-And: 2번 포지션 손바닥을 위로 향하게 한다.
2마디: One-And: 손을 허리에 얹는다.
Two-And: 2번 포지션으로 연다.

> **참고**
>
> 위의 움직임은 상체를 크게 움직이는 것이 가능하다. 움직이는 다리가 앞으로 올 때 상체는 뒤로 하고, 다리가 앞으로 올 때에는 상체를 앞으로 보낸다. 다리를 옆으로 보낼 때에는 정면을 본다.

정면1번 포지션에서 힐의 움직임

정면1번 포지션에서 힐의 움직임은 오른 다리를 실행한 후에 왼 다리를 순차적으로 앞으로 실행한다. 이 동작은 낮게, 중간, 높게 움직일 수 있으며 바닥을 한 번 칠 수도 있고, 두 번 칠 수도 있다. 몸의 중심은 서 있는 다리에 있고 발뒤꿈치는 들어 올리거나 바닥으로 내려놓을 수 있다.

이 움직임은 다양한 움직임이 결합될 수 있다.

발끝을 앞으로 놓으며 설 수도 있고, 다리가 돌아올 수도 있다. 다시 뒤로 up한 상태로 설 수 있고, 다시 포즈로 돌아올 수도 있다. 캐릭터 음악에 맞춰 상체, 팔, 얼굴을 자유롭게 돌리면서 훈련하는 것이 가능하다. 위의 동작은 느리거나 빠른 템포의 음악에 맞춰 바닥을 한 번이나 두 번 치면서, 낮게 혹은 높게, 이동하거나 혹은 살짝 뛰면서 등의 움직임은 콤비네이션으로도 훈련이 가능하다. 정면1번 포지션에서의 '힐의 움직임'은 〈말린끼미 브라스카미(Маленькими бросками: 제떼 혹은 데가제)〉, 〈드로브늬미 스투키바니야미(дробными выстукиваниями)〉 등의 움직임과 함께 응용되어 사용된다.

PART 06

폰듀 Fondu
: 낮게 혹은 높게 다리를 전환시키기

캐릭터 폰듀는 '낮게 혹은 높게 다리를 전환시키기'라고 해석하는 것이 좋다. 이 동작은 빠른 음악과 느린 음악에 맞춰 사용할 수 있다. 이 동작은 무릎과 엉덩이 근육을 유연하게 하고 허벅지 근육과 종아리 근육을 강화시킨다. 동작을 개별적으로 훈련하기도 하나, 다른 콤비네이션과 함께 사용되어 훈련이 된다. 이 움직임에서 가장 중요한 것은 up을 한 상태에서 상체를 숙이고, 〈라스좌지카미〉와 함께 혹은 점프를 하면서 느리고 빠르게 다리를 전환시키는 것을 가능하게 하는 것이다. 〈폰듀〉는 〈론 드 잠브: 원 그리기〉, 〈데벨로빼〉와 함께 사용할 수 있다. 이 동작은 러시아 벨로루시, 몰디브, 우크라이나의 민속춤에서 실행되며 박자는 4분의 3박자, 8분의 6박자, 4분의 2박자로 훈련한다.

준비 동작

움직임을 수행하기에 앞서 세 종류의 준비 동작을 훈련해야 한다.

종류 1, 2는 〈론 드 잠브: 다리로 원 그리기(바닥/공중)〉에서 준비 동작과 같고 마지막은 아래와 같다. 이 동작의 준비 동작은 두 다리를 동시에 실행하여야 한다. 그리고 아래의 각각의 요소들을 정확히 해야 한다. 서 있는 다리를 Demi-Plié로 앉으면서 무릎을 왼쪽으로 돌렸다가 다시 오른쪽으로 보내고, Demi-Plié로 앉았던 다리를 일어나면서 움직이는 다리를 높지 않게 오른쪽으로 편다.

박자: 4분의 3박자

전주, 준비 동작: 4마디 (종류 1'과 같음)

1마디: 오른 다리의 무릎을 왼쪽으로 돌린다. 서 있는 다리의 안쪽 발목 옆으로 이동한다.

2마디: 오른 다리의 무릎을 오른쪽으로 이동시킨다. 서 있는 다리의 안쪽에서 반대쪽 방향으로 이동시킨다.

3마디: 움직이는 다리를 그대로 유지한 채로 서 있는 다리는 Demi-Plié로 앉는다.

4마디: One-Two: 서 있는 다리의 무릎을 펴면서 오른 다리를 높지 않게 오른쪽으로 연다.

   Three: 움직이는 다리를 바닥에서 쓸어 와 서 있는 다리의 뒤쪽에 놓는다. 무릎은 턴-아웃 상태이고, 발등은 포인트, 발가락은 뒤쪽 방향이다.

움직임을 4회 반복한다. 마지막 2박 화음에 다리는 원래 포지션으로 돌아온다. 팔은 아래로 편안하게 내려놓는다. 잠시 후에 반대쪽 다리를 실행한다.

천천히 낮게 전환시키기

▰ 기본

준비 동작: 오른 다리를 뒤로 놓고 열린 5번 포지션으로 서 있다.

박자: 4분의 3박자

전주, 준비 동작: 4마디

움직임은 4마디로 실행한다.

1마디: 서 있는 다리를 Demi-Plié로 앉으면서 오른 다리의 무릎을 왼쪽으로 돌린다.

2마디: 서 있는 다리는 Demi-Plié로 계속 앉으면서 오른 다리의 무릎을 오른쪽으로 돌린다. 오른 다리를 서 있는 다리의 안쪽 복숭아뼈 있는 곳에 붙인다.

3마디: 서 있는 다리의 무릎을 펴면서 오른 다리를 오른쪽으로 높지 않게 편다.

4마디: One: 움직이는 다리를 바닥에서 쓸어 와 서 있는 다리의 뒤쪽에 놓는다. 무릎은 턴-아웃 상태이고, 발등은 포인트, 발가락은 뒤쪽 방향이다.

　　　　Two-Three: 멈춘다.

위의 움직임을 4회 반복한다. 움직임은 부드럽지만 둥둥 떠다니는 느낌 없이 행하고 반드시 상체를 탄탄하고 평평하게 유지해야 한다. 몸의 중심은 서 있는 다리에 있다. 마지막 2박 화음에 손을 편안하게 내려놓고 처음의 포즈로 돌아간다. 잠시 후에 반대쪽을 반복한다. 훈련이 익숙해지면 움직이는 다리의 무릎 방향으로 시선을 이동시킨다.

■ up한 상태에서 포인트와 함께 하기

준비 동작: 오른 다리를 뒤로 놓고 열린5번 포지션으로 서 있다.

박자: 4분의 3박자

전주, 준비 동작: 4마디(종류 2)

움직임은 4마디로 실행한다.

1마디: 서 있는 다리를 Demi-Plié로 앉으면서 오른 다리의 무릎을 왼쪽으로 돌린다.

2마디: 서 있는 다리는 Demi-Plié로 계속 앉으면서 오른 다리의 무릎을 오른쪽으로 돌린다. 오른 다리를 서 있는 다리의 안쪽 복숭아뼈 있는 곳에 붙인다.

3마디: 서 있는 다리의 무릎을 펴 up한 상태로 들어 올리며 오른 다리를 오른쪽으로 높지 않게 편다.

4마디: One: 서 있는 다리는 up에서 내려오고, 움직이는 다리를 바닥에서 쓸어 와 서 있는 다리의 뒤쪽에 놓으면서 서 있는 다리를 다시 up한다. 무릎은 턴-아웃 상태이고, 발등은 포인트, 발가락은 뒤쪽 방향이다.

Two-Three: 멈춘다.

빠르고 낮게 전환시키기

■ 기본

이 동작은 움직이는 다리의 무릎을 왼쪽에서 오른쪽으로 돌리는 것이 훨씬 역동적으로 움직인다. 움직이는 다리가 서 있는 다리의 앞쪽에 발목보다 약간 높은 위치에 포인트 상태로 있고, 오른쪽 방향으로 높지 않은 위치로 무릎을 편다.

준비 동작: 오른 다리를 앞으로 놓고 열린5번 포지션으로 서 있다.
박자: 4분의 3박자
전주, 준비 동작: 4마디
움직임은 2마디로 실행한다.
준비: Three: 서 있는 다리를 Demi-Plié로 앉으면서 오른 다리의 무릎을 왼쪽으로 돌린다.
1마디: One: 서 있는 다리를 Demi-Plié로 계속 앉으면서 오른 다리 무릎을 오른쪽으로 돌린다.
　　　Two: 멈춘다.
　　　Three: 서 있는 다리의 무릎을 펴면서 오른 다리를 오른쪽으로 높지 않게 든다.
2마디: One: 움직이는 다리를 바닥에서 쓸어 와 서 있는 다리의 뒤쪽에 놓는다. 무릎은 턴-아웃 상태이고, 발등은 포인트, 발가락은 뒤쪽 방향이다.
　　　Two: 멈춘다.
위의 동작은 앞쪽에서 펼쳐 여는 것이 가능하다.

▰ up한 상태에서 포인트와 함께하기

준비 동작: 오른 다리를 앞으로 놓고 열린5번 포지션으로 서 있다.

박자: 4분의 3박자

전주, 준비 동작: 4마디

움직임은 4마디로 실행한다.

준비: Three: 오른 다리의 무릎을 왼쪽으로 돌린다. 서 있는 다리의 발뒤꿈치가 바닥에 닿은 채로 Demi-Plié로 앉기 시작한다.

1마디: One: 서 있는 다리를 Demi-Plié로 앉으면서 오른 다리 무릎을 오른쪽으로 돌린다.

　　　　Two: 멈춘다.

　　　　Three: 서 있는 다리의 무릎을 펴 up한 상태로 들어 올리며 오른 다리를 오른쪽으로 높지 않게 편다.

2마디: One: 움직이는 다리를 바닥에서 쓸어 와 서 있는 다리의 뒤쪽에 놓는다. 무릎은 턴-아웃 상태이고, 발등은 포인트, 발가락은 뒤쪽 방향이다.

　　　　Two: 멈춘다.

낮은 높이와 중간 높이는 기본 동작이 같다. 아래와 같이 하는 것도 가능하다.

2마디: One: 움직이는 다리를 up한 상태의 서 있는 다리 쪽으로 쓸어 온다. 이때 서 있는 다리는 up한 상태에서 발바닥으로 내려왔다가 곧바로 서 있는 다리를 up한 상태로 들어 올린다.

위의 동작은 다리를 앞쪽 방향으로 펴면서 하는 것이 가능하다.

천천히 높게 다리를 전환시키기

움직이는 다리를 서 있는 다리의 무릎 높이에서 돌려서 전환시키는 동작이다. 서 있는 다리가 Demi-Plié로 앉으면서 움직이는 다리를 서 있는 다리의 앞쪽 발목 위치에 놓고 서 있는 다리의 무릎을 펴면서 움직이는 다리를 오른쪽으로 높게 편다.

준비 동작: 오른 다리를 앞으로 놓고 열린5번 포지션으로 서 있다.

박자: 4분의 3박자

전주, 준비 동작: 4마디(움직이는 다리를 서 있는 다리의 무릎 뒤까지 들어 올린다.)

움직임은 4마디로 실행한다.

1마디: 서 있는 다리를 Demi-Plié로 앉으면서 오른 다리의 무릎을 왼쪽으로 돌린다. 움직이는 다리는 서 있는 다리의 무릎 앞쪽에 있다.

2마디: One: 서 있는 다리를 Demi-Plié로 앉으면서 오른 다리의 무릎을 오른쪽으로 돌린다.
    Two-Three: 서 있는 다리의 앞쪽 발목까지 움직이는 다리를 내려놓는다.

3마디: 서 있는 다리의 무릎을 펴면서 오른 다리를 오른쪽으로 높게 편다.

4마디: One: 움직이는 다리를 바닥을 쓸어서 서 있는 다리의 뒤쪽으로 가져온다.
    Two-Three: 움직이는 다리를 서 있는 다리의 뒤쪽 무릎까지 끌어올린다.

위의 움직임을 4회 반복한다. 마지막 2박 화음에 손을 아래로 놓으면서 처음 포즈로 돌아간다. 잠시 후에 반대쪽으로 동작을 실행한다. 후에 서 있는 다리를 up 한 상태로 훈련한다(3마디에서 오른 다리를 오른쪽으로 높게 들 때 서 있는 다리를 up으로 들면 된다). 움직임은 앞쪽 방향으로 다리를 드는 것이 가능하다.

빠르게 높게 다리를 전환시키기

이 움직임은 보다 더 역동적으로 움직여야 한다.

준비 동작: 오른 다리를 앞으로 놓고 열린5번 포지션으로 서 있다.
박자: 4분의 3박자
전주, 준비 동작: 4마디(움직이는 다리를 서 있는 다리의 무릎 뒤까지 들어 올린다.)
움직임은 2마디로 실행한다.

준비: Three: 서 있는 다리를 Demi-Plié로 앉으면서 오른 다리 무릎을 왼쪽으로 돌린다. 움직이는 다리의 발이 서 있는 다리의 앞쪽 무릎에 놓여 있다.

1마디: One: 서 있는 다리를 Demi-Plié로 계속앉으면서 오른 다리의 무릎을 오른쪽으로 돌린다.
    Two: 서 있는 다리를 Demi-Plié로 계속 앉으면서 움직이는 다리를 서 있는 다리의 앞쪽 발목까지 내려놓는다.
    Three: 서 있는 다리의 무릎을 펴면서 오른 다리를 오른쪽으로 높게 편다.

2마디: One: 움직이는 다리를 바닥을 쓸어서 서 있는 다리의 뒤쪽으로 가져온다.
    Two: 움직이는 다리를 서 있는 다리의 뒤쪽 무릎까지 끌어올린다.

상체를 숙이거나
뒤로 젖히면서 동작하기

Port de Bras

〈퐁듀〉는 서 있는 다리는 정면인 상태에서 그리고 up한 상태로 상체를 숙이거나 뒤로 젖히는 동작과 함께 실행한다. 한 동작에서 다음 동작으로 넘어갈 때 끊김 없이 부드럽게 이어져야 한다.

◣ 기본

준비 동작: 오른 다리를 앞으로 놓고 열린 5번 포지션으로 서 있다.
박자: 4분의 3박자
전주, 준비 동작: 4마디
1-2마디: 음악을 듣는다.
3마디: 오른팔을 1번 포지션으로 든다.
4마디: One: 오른손 바닥을 위로 향하게 한 2번 포지션을 취하고 오른 다리를 오른쪽으로 보낸다.
  Two: 멈춘다.
  Three: 오른 다리를 약간 오른쪽으로 들어 올린다.

움직임은 8마디로 실행한다.

1마디: 오른 다리의 무릎을 구부려 발끝을 서 있는 다리의 앞쪽 무릎에 붙인다. 오른팔은 오른쪽-위쪽으로 든다. 얼굴은 오른쪽 방향을 향한다.
2마디: 무릎을 왼쪽으로 돌린다.
3마디: 서 있는 다리를 Demi-Plié로 앉으면서 상체를 무릎 쪽으로 숙인다. 오른쪽 팔을 앞쪽-아래로 내려놓는다.
4마디: 서 있는 다리의 무릎을 펴면서 상체를 똑바로 선다. 팔을 위로 들어 올린다.
5마디: 상체를 뒤로 젖힌다. 얼굴을 오른쪽으로 돌린다.

6마디: 오른 다리 무릎을 오른쪽으로 돌리면서 상체를 똑바로 세운다. 팔은 3번 포지션을 취한다.

7마디: 서 있는 다리를 Demi-Plié로 앉으면서, 움직이는 발을 포인트 한 상태로 서 있는 다리의 발목 앞쪽으로 가져온다.

8마디: 서 있는 다리의 무릎을 펴면서 오른 다리를 높지 않게 오른쪽으로 연다. 팔은 2번 포지션으로 돌아온다.

마지막 2박 화음에 움직이는 다리를 5번 포지션으로 마무리 짓고 팔은 편안하게 아래로 내려놓는다.

■ up한 상태로 포인트와 함께 동작하기

움직임은 복잡하게 하는 것이 가능하다. 4마디의 준비 동작에 서 있는 다리를 up 한 상태로 취한다. 7번째 마디에서는 up한 상태에서 내려와 발바닥 전체로 딛는다. 8번째 마디에 서 있는 다리가 up 상태로 돌아간다.

PART 07

드로브늬에 븨스투키바니야[10]
дробные выстукивания
: 발을 이용하여 바닥을 치는 동작

이 움직임은 센터에서 바닥을 치는 동작을 하기 위해 훈련하는 동작이다. 발바닥, 힐, 발뒤꿈치의 가장자리를 사용한다. 서 있는 다리를 살짝 앉은 상태에서 움직이는 다리가 발뒤꿈치와 발끝으로 바닥을 치는 동작은 날카롭고 강하며 리듬감 있다. 이는 발바닥, 종아리 근육을 강화시킨다.
움직임은 주로 러시아, 스페인, 멕시코 등의 다양한 민속 무용의 움직임을 기본 움직임으로 활용한 것이다. 정면1과 열린3번 포지션에서 시작하고, '힐 움직임' 포인트에서 up 동작으로 이동할 때, 살짝 뛰면서, 살짝 뛰면서 이동하는 등과 콤비네이션을 이룰 수 있다. 박자는 4분의 2박자, 4분의 3박자를 활용한다.

---

10) 박자를 나누어 쓰는 동작을 말한다.

정면1번 포지션에서 동작하기

▬ 발바닥 전체를 활용하는 동작하기

1. 한 발 그리고 다른 발 발바닥으로 한 번씩 교차로 바닥을 친다.

준비 동작: 정면1번 포지션으로 선다. 팔은 편안하게 아래로 내려놓는다.

박자: 4분의 2박자

전주, 준비 동작: 4마디

1-2마디: 음악을 듣는다.

3마디: One-And: 두 팔을 앞으로 든다.

　　　　Two-And: 바에 놓는다.

4마디: One-And: Demi-Plié로 앉는다.

　　　　Two: 왼 다리를 오른 다리 옆에서 살짝 들어 올린다.

　　　　And: 멈춘다.

움직임은 2마디로 한다.

1마디: One: 오른 다리를 왼 다리 옆에서 살짝 들어 올리고 왼 다리는 발바닥을 딛고 선다.

　　　　And: 멈춘다.

　　　　Two: 정면1번 포지션으로, 오른 다리 발바닥으로 바닥을 친다.

　　　　And: 멈춘다.

2마디: 반대쪽 다리로 실행한다.

위의 움직임은 1마디 혹은 1/4마디로 해서 **빠르게** 실행하는 것이 가능하다. 마지막 2박 화음에는 두 다리의 무릎을 펴고 원래 포지션으로 돌아온다. 팔은 편안하게 내려놓는다.

2. 서 있는 다리의 발뒤꿈치가 들려 있는 동작과 함께 바닥을 치기

전주, 준비 동작: 위와 같다. 4마디의 Two-And에서 왼 다리의 발뒤꿈치를 들어 올린다.

박자: 4분의 2박자

움직임은 1마디로 실행한다.

1마디: One: 오른 다리를 왼 다리 옆으로 살짝 들어 올리며, 서 있는 다리의 발뒤꿈치로 바닥을 치며 내려놓는다.

    And: 멈춘다.

    Two: 서 있는 다리의 발뒤꿈치를 들어 올리며 정면1번 포지션으로, 오른 다리의 발바닥으로 바닥을 친다.

    And: 멈춘다.

위의 동작을 8번 반복한다. 위의 움직임은 1/8마디 혹은 1/4마디로 해서 빠르게 실행하는 것이 가능하다. 마지막 2박 화음에는 두 다리의 무릎을 펴고 원래 포지션으로 돌아온다. 팔은 편안하게 내려놓는다. 잠시 후에 반대쪽 다리를 실행한다.

3. 서 있는 다리가 살짝 뛰는 동작과 함께 바닥을 치기

전주, 준비 동작: 위와 같다. 4마디의 Two-And에서 멈춘다.

박자: 4분의 2박자

움직임은 1마디로 실행한다.

1마디: One: 오른 다리를 왼 다리 옆에서 들어 올리면서 왼 다리를 살짝 뛴다.

    And: 멈춘다.

    Two: 정면1번 포지션으로, 오른 다리의 발바닥으로 바닥을 찍는다.

    And: 멈춘다.

반복한다.

위의 동작을 반대쪽 다리로 4번 반복한다. 마지막 2박 화음에는 두 다리의 무릎을 펴고 원래 포지션으로 돌아온다. 팔은 편안하게 내려놓는다.

4. 살짝 뛰어서 이동하면서 바닥 치기

전주, 준비 동작: 위와 같다. 4마디의 Two-And에서 멈춘다.

박자: 4분의 2박자

움직임은 2마디로 실행한다.

1마디: One: 오른 다리를 왼 다리 옆으로 들어 올리면서 왼 다리를 살짝 뛴다.

And: 멈춘다.

Two: 정면1번 포지션으로, 오른 다리의 발바닥으로 바닥을 찍는다. 오른 다리를 왼 다리 옆으로 들어 올린다.

And: 멈춘다.

2마디: One: 왼 다리를 들어 올리면서 오른 다리의 발바닥으로 바닥을 찍는다.

And: 멈춘다.

Two: 왼 다리의 발바닥으로 바닥을 찍는다.

And: 멈춘다.

반대쪽 다리로 4회 반복한다.

위의 동작을 반대쪽 다리로 4회 반복한다. 마지막 2박 화음에는 두 다리의 무릎을 펴고 원래 포지션으로 돌아온다. 팔은 편안하게 내려놓는다. 후에 1마디로 실행 가능하다.

5. 서 있는 다리의 발뒤꿈치가 들려 있는 동작과 함께 바닥을 두 번 치기

두 번째로 언급했던 서 있는 다리의 발뒤꿈치가 들려 있는 동작과 함께 바닥을 치기와 같다. Two에 움직이는 다리의 발바닥이 바닥을 두 번 치면 된다. 1/4마디로 실행 가능하다.

6. 서 있는 다리가 살짝 뛰는 동작과 함께 바닥을 두 번 치기

세 번째로 언급했던 서 있는 다리가 살짝 뛰는 동작과 함께 바닥을 치기와 같다. Two에 움직이는 다리의 발바닥이 바닥을 두 번 치면 된다. 1/4마디로 실행 가능하다.

7. 살짝 뛰어서 이동하면서 바닥을 두 번 치기

네 번째로 언급했던 살짝 뛰어서 이동하면서 바닥 치기와 같다. 1마디에 Two에 움직이는 다리의 발바닥이 바닥을 두 번 치면 된다. 1마디로 실행 가능하다.

◼ 힐Heel을 활용하는 동작하기

1. 한 발 그리고 다른 발의 힐(발뒤꿈치)로 바닥을 한 번씩 교차해서 치기

준비 동작: 정면1번 포지션으로 선다. 팔은 편안하게 아래로 내려놓는다.

박자: 4분의 2박자

전주, 준비 동작: 1/2마디

    One: 오른 다리의 발뒤꿈치를 들면서 왼 다리의 발뒤꿈치를 바닥으로 내려놓는다.

    And: 멈춘다.

위의 움직임을 반대 다리로 반복하여 실행한다. 나중에 다양한 템포와 리듬으로 실행할 수 있다.

2. 몸의 중심을 한 다리에서 반대쪽 다리로 이동시키면서 힐로 바닥을 한 번씩 교차해서 치기

준비 동작: 정면1번 포지션으로 선다. 팔은 편안하게 아래로 내려놓는다.

박자: 4분의 2박자

전주, 준비 동작: 1마디

    One: 오른 다리를 왼 다리 옆에 놓는다.

    And: 멈춘다.

    Two: 정면1번 포지션에서 오른 다리의 힐로 서 있는 다리의 발등 옆에서 강하고 짧게 바닥을 치고 들어 올린다.

    And: 멈춘다.

위의 움직임을 반대 다리로 4~8회 반복하여 실행한다. 1/4마디로 실행할 수 있다.

3. 한쪽 다리에서 반대쪽 다리로 넘어가면서 힐로 바닥을 한 번씩 교차해서 치기

4. 이동하면서 힐로 바닥을 한 번씩 교차해서 치기

준비 동작: 정면1번 포지션으로 선다. 팔은 편안하게 아래로 내려놓는다.

박자: 4분의 2박자

전주, 준비 동작: 2마디

1마디: One: 왼 다리를 오른 다리 옆에 놓는다.

   And: 멈춘다.

   Two: 정면1번 포지션에서 오른 다리 힐로 서 있는 다리의 발등 옆에서 강하고 짧게 바닥을 치고 들어 올린다.

   And: 멈춘다.

2마디: One: 오른 다리를 내려놓으면서 왼 다리를 오른 다리 옆에서 들어 올린다.

   And: 멈춘다.

   Two: 왼 다리를 내려놓으면서 오른 다리를 왼 다리 옆에서 들어 올린다.

   And: 멈춘다.

위의 움직임을 반대 다리로 4~8회 반복하여 실행한다. 1/4마디로 실행할 수 있다.

5. 한 다리에서 다른 다리로 두 번 뛰면서 힐로 바닥 치기

  위의 움직임은 뛰면서 다리를 교체하는 동작으로 훈련이 익숙해지면 후에는 1마디로 실행한다.

■ 힐과 up을 활용하는 동작하기

1. 서 있는 다리가 up한 상태에서 발뒤꿈치로 움직이는 다리가 힐의 순서대로 바닥 치기

준비 동작: 정면1번 포지션으로 선다. 팔은 편안하게 아래로 내려놓는다.

박자: 4분의 3박자

전주, 준비 동작: 1마디

1마디: One: 오른 다리를 왼 다리 옆에서 살짝 들어 올리면서, 서 있는 다리의 발뒤꿈치를 내려놓는다.

Two: 오른 다리의 힐로 왼 다리 힐 옆에서 바닥을 친다.
Three: 오른 다리의 발끝을 왼 다리 옆에서 찍는다.
위의 움직임을 반대쪽 다리로 실행한다.

2. 살짝 뛰면서 힐과 발끝을 교차로 바닥 치기

전주, 준비 동작: 위와 같음
박자: 4분의 2박자

움직임은 2마디로 실행한다.
1마디: One: 오른 다리를 왼 다리 옆에서 들어 올리면서 왼 다리를 살짝 뛴다.
And: 정면1번 포지션에서 오른 다리의 힐로 바닥을 친다.
Two: 오른 다리를 왼 다리 옆에서 들어 올리면서 왼 다리를 살짝 뛴다.
And: 정면1번 포지션에서 오른 다리의 발끝으로 바닥을 친다.
2마디: One: 왼 다리를 오른 다리 옆에서 들어 올리면서 오른 다리를 이동한다.
And: 정면1번 포지션에서 왼 다리의 힐로 바닥을 친다.
Two: 왼 다리를 오른 다리 옆에서 들어 올리면서 오른 다리를 살짝 뛴다.
And: 정면1번 포지션에서 왼 다리의 발끝으로 바닥을 친다.

■ 정면 앞으로 이동하기

1. 무릎을 쭉 편 상태로 앞으로 이동한 다리를 발바닥으로 바닥 치기(한쪽 다리와 다른 다리를 교차로 움직인다).

준비 동작: 정면1번 포지션으로 선다.
박자: 4분의 2박자

1마디: One: 왼 다리는 서고 오른 다리를 앞으로 높지 않게 들어 올린다. 오른 다리는 발등과 무릎이 펴져 있는 상태이다.
And: 멈춘다.
Two: 오른 다리 발바닥으로 바닥을 친다.
And: 오른 다리를 앞으로 높지 않게 들어 올린다.

반대쪽 다리를 실행한다.

4-8회 반복한다. 후에 4분의 1박자로 진행하는 것이 가능하다.

2. 한 번 혹은 한 번 이상, 무릎을 쭉 편 상태로 앞으로 이동한 다리를 발바닥으로 바닥 치기. 단, 살짝 뛰는 동작을 추가한다.

위의 동작은 동작 1에서 서 있는 다리가 살짝 뛰는 것이 추가된 동작으로 4분의 1박자로 실행한다.

열린3번 포지션에서 동작하기

■ 발바닥 전체를 활용하기

1. 움직이는 다리의 발바닥으로 한 번 바닥 치기. 서 있는 다리는 up한 상태로 있다.

준비 동작: 열린3번 포지션으로, 오른 다리가 앞에 있다.

전주: 위와 같다. 하지만 4마디에 Two-And에 왼 다리의 발뒤꿈치를 들어 올린다.

위의 움직임은 정면1번 포지션으로도 실행 가능하다.

2. 서 있는 다리의 발뒤꿈치를 내려놓으면서 발바닥으로 바닥을 한 번 치고 턴-
   아웃 되어 있는 움직이는 다리를 서 있는 다리 쪽으로 돌렸다가 다시 돌아오기

준비 동작: 열린3번 포지션으로, 오른 다리가 앞에 있다.
전주: 위와 같다. 4마디에 Two-And에 왼 다리의 발뒤꿈치를 들어 올린다.
움직임은 2마디로 실행한다.

1마디: One: 서 있는 다리의 발뒤꿈치를 내려놓으면서 오른 다리의 발바닥을 들어 올린다.
    And: 오른 다리의 무릎을 왼쪽으로 돌린다.
    Two: 서 있는 다리의 발뒤꿈치를 들어 올리면서 오른 다리가 정면1번 포지션에서 발바닥으로 바닥을 친다.
    And: 멈춘다.

2마디: One: 서 있는 다리의 발뒤꿈치를 내려놓으면서 오른 다리의 발바닥을 들어 올린다.
    And: 오른 다리의 무릎을 오른쪽으로 돌린다.
    Two: 열린3번 포지션에서 오른 다리의 발바닥으로 바닥을 친다.
    And: 멈춘다.

위의 움직임을 4회 반복한다. 마지막 2박 화음에 서 있는 다리의 발뒤꿈치를 바닥으로 내려놓고 두 무릎을 쭉 편다. 손은 편안하게 내려놓는다. 잠시 후에 반대쪽을 반복한다. 위의 훈련이 익숙해지면 1마디로 실행한다. 무릎을 왼쪽으로 돌릴 때 상체를 왼쪽-아래로 돌려 숙이는 움직임을 추가해도 된다. 무릎을 다시 오른쪽으로 돌릴 때에는 처음 준비 동작으로 돌아온다. 손의 움직임도 덧붙일 수 있다. 무릎을 왼쪽으로 돌릴 때에는 손을 허리에 놓고 준비 동작으로 돌아올 때에는 2번 포지션으로 여는 것이 가능하다.

3. 움직이는 다리의 발바닥으로 두 번 바닥 치기. 서 있는 다리는 up한 상태로 있다.

준비 동작: 열린3번 포지션으로, 오른 다리가 앞에 있다.

박자: 4분의 2박자

전주: 위와 같다. 하지만 4마디에 Two-And에 왼 다리의 발뒤꿈치를 들어 올린다.

위의 동작은 열린3번 포지션에서 시작하고 Two에 움직이는 다리의 발바닥으로 바닥을 두 번 친다. 익숙해지면 4분의 1박자로 실행한다.

4. 움직이는 다리의 발바닥으로 두 번 바닥 치기. 서 있는 다리를 up한 상태로 한 번, 무릎을 돌리면서 바닥을 한 번 친다.

위의 움직임은 움직이는 다리의 발바닥으로 한 번 바닥 치기와 같다. 하지만 1마디 Two 그리고 2마디에 움직이는 다리를 친다. 후에 1마디로 실행 가능하다.

◣ 힐과 up을 활용하는 동작하기

1. 서 있는 다리가 up한 상태에서 차례로 힐과 발앞꿈치로(up한 상태로) 친다.

준비 동작: 열린3번 포지션으로 선다. 오른 다리가 앞쪽에 있다.

박자: 4분의 2박자

준비 동작: 1마디

1마디: One: 서 있는 다리의 발뒤꿈치를 바닥으로 내려놓으며 오른 다리의 발바닥을 든다(발뒤꿈치를 서 있는 다리의 발목 앞에 놓는다).

And: 3번 포지션에서 오른 다리의 힐로 바닥을 치고 바로 들어 올린다.

Two: 서 있는 다리의 발뒤꿈치를 들어 올리면서 열린3번 포지션에서 오른 다리의 발앞꿈치로 바닥을 친다.

And: 멈춘다.

위의 동작을 4회 반복한다. 마지막 2박 화음에 발뒤꿈치를 내려놓고 두 무릎을 쭉 편다. 손을 아래로 편안하게 내려놓는다. 잠시 후에 반대쪽 다리로 반복한다. 익숙해지면 1마디로 동작을 실행한다.

2. 무릎을 돌린 상태로 힐로 바닥을 치고 발앞꿈치를 이용하여 차례로 바닥 치기

준비 동작: 열린3번 포지션으로 선다. 오른 다리가 앞쪽에 있다.

박자: 4분의 2박자

전주: 위와 같다.

준비 동작: 1마디

1마디: One: 서 있는 다리의 발뒤꿈치를 바닥으로 내려놓으며 오른 다리의 무릎을 왼쪽으로 향하게 하고 발바닥을 든다.

And: 정면3번 포지션에서 오른 다리의 힐로 바닥을 치고 바로 무릎을 오른쪽으로 돌려서 들어 올린다.

Two: 서 있는 다리의 발뒤꿈치를 들어 올리면서 열린3번 포지션에서 오른 다리 발앞꿈치로 바닥을 친다.

And: 멈춘다.

위의 동작을 8회 반복한다. 마지막 2박 화음에 서 있는 다리의 발뒤꿈치를 바닥으로 내려놓는다. 두 무릎을 쭉 펴고 팔을 아래로 편안하게 내려놓는다. 잠시 후 반대쪽 다리를 반복한다.

3. 힐과 up을 무릎을 돌려 up으로 이동시켜 이동하는 동작을 포함시켜 차례로 이동하기

준비 동작: 열린3번 포지션으로 선다. 오른 다리가 뒤쪽에 있다.

박자: 4분의 2박자

전주: 위와 동일하다. 그러나 4마디째 Two에 오른 다리 무릎을 왼쪽으로 돌려 들어 올린다.

준비 동작: 1마디

준비: And: 정면3번 포지션에서 오른 다리의 힐을 서로 부딪쳤다가 바로 무릎을 턴-아웃 상태로 돌린다.

1마디: One: 열린3번 포지션에서 오른 다리 up한 상태로 바닥을 치고, 왼 다리를 들어 올린다.

And: 열린3번 포지션에서 왼 다리 up한 상태로 바닥을 치고 오른 다리를 들어 올린다(왼 다리는 뒤쪽에 위치해 있다).

Two: 왼 다리의 무릎을 오른쪽으로 돌려 들어 올리면서 오른 다리 up한 상태로 이동하다.

4. 힐과 up을 움직이는 다리의 무릎을 돌리고 다리에서 다리로 살짝 뛰는 동작을 포함시켜 차례로 이동하기

준비 동작: 열린3번 포지션으로 선다. 오른 다리가 앞쪽에 있다.

박자: 4분의 2박자

전주: 위와 동일하다. 그러나 4마디째 Two에 왼 다리를 들어 올리고 And에 멈춘다.

준비 동작: 1마디

1마디: One: 오른 다리의 무릎을 왼쪽으로 돌려 들어 올린다. 이때 왼 다리는 살짝 뛴다.

And: 열린3번 포지션에서 오른 다리의 힐로 바닥을 치고 바로 무릎을 오른쪽으로 돌려 들어 올린다.

Two: 열린3번 포지션에서 오른 다리를 up한 상태로 살짝 뛰면서 바닥을 친다. 이때 왼 다리는 들어 올린다.

And: 멈춘다.

위의 움직임을 오른 다리로 8회 반복한다. 마지막 2박 화음에 반대쪽 포지션을 취한다. 두 무릎을 펴고 팔을 편안하게 내려놓은 후 반대쪽 다리도 반복한다. 위의 움직임은 준비 동작으로 쓰이기도 한다.

5. 힐과 up을 움직이는 다리 동작을 포함시켜 차례로 이동하기

박자: 4분의 2박자

전주, 준비 동작: 이전과 같다.

움직임은 1마디로 실행한다.

1마디: One: 오른 다리를 왼 다리 앞에서 들어 올리면서 왼 다리는 선다. 오른 다리의 발뒤꿈치가 왼 다리의 발목에 위치해 있다.

And: 열린3번 포지션에서 오른 다리의 힐로 바닥을 치고 바로 들어 올린다.

Two: 오른 다리를 up한 상태로 바닥을 치면서 무릎을 편다. 왼 다리는 무릎을 구부려 턴-아웃된 상태로 발바닥이 무릎 높이에 뒤쪽에 위치해 있다. 서 있는 다리는 무릎을 쭉 편 상태이다.

And: 멈춘다.

위의 움직임을 이전과 같이 실행한다. 다음과 같은 상체 움직임을 추가할 수 있다.

One-And: 상체와 얼굴을 오른쪽으로 숙인다.

Two: 들어 올린다.

PART 08

발바닥을 편안하게 한
상태에서 훈련하기[11]

센터를 실행하기 위해 준비해야 하는 학습 과정이다. 움직임은 무릎과 고관절, 종아리 근육, 아킬레스건을 강화시킨다. 움직임은 기본적으로 서 있는 다리의 무릎을 쭉 편 상태에서 진행하지만 Demi-Plié, 살짝 뛰는 동작 포함하기도 하고 움직이는 다리 쪽으로 이동하거나 악센트를 변화시키면서 등의 다양한 형태로 합쳐져 사용된다. 위의 동작은 〈베르보치카〉의 준비 동작, 〈지그자가미〉, 〈크게 차기[12]〉 등의 움직임과 콤비네이션을 이루어 구성된다. 정면1과 열린3번 포지션에서 집시(쯔간) 춤, 마트로스키 춤, 컨트리 춤 등의 스타일이 실행된다. 이 동작은 나중에 발을 자유롭게 사용하기 위해서 추천되어지는 동작이다. 음악은 4분의 2박자로 실행한다.

---

11) 이 동작은 억지로 포인트/ 플랙스를 하지 않은 자연스럽고 편안한 발동작 훈련이다.
12) 클래식에서 Grand battement를 말한다.

'내 쪽으로부터' 혹은 '내 쪽으로' 동작하기

■ 기본

준비 동작: 열린3번 포지션으로 선다.
  오른 다리 앞쪽으로, 팔은 편안하게 아래로 내려놓는다.
전주, 준비 동작: 4마디
1-2마디: 음악을 듣는다.
3마디: 두 팔을 앞으로 든다.
4마디: One-And: 손을 허리에 얹는다.
  Two-And: 오른 다리 무릎을 구부려 서 있는 다리의 발목 앞쪽에 플렉스 상태로 가져온다. 무릎은 턴-아웃 상태이다.

움직임은 1마디로 한다.

1마디: One: 오른 다리를 '내 쪽으로부터' 미끄러지듯이 쓸어서 앞쪽으로 보낸다. 무릎과 발등은 쭉 펴져 있고 높지 않게 든다.
  And: 멈춘다.
  Two: 오른 다리를 '내 쪽으로' up 상태를 거쳐 가져온다. 이때 플렉스 상태로 서 있는 다리의 발목 앞쪽에 위치한다. 무릎은 턴-아웃 상태이다.
  And: 멈춘다.

위의 움직임을 앞쪽, 뒤-오른쪽, 오른쪽으로 실행한다. 뒤쪽은 훈련하지 않는다. 이 동작을 반복한다. 2박 화음에 3번 포지션으로 서고 팔을 편안하게 아래로 내려놓는다. 잠시 후에 반대쪽을 반복한다. 위의 두 움직임을 멈추는 것 없이 1마디로 실행해도 된다. 얼굴을 추가하는 것도 가능하다. 앞과 뒤-오른쪽을 실행할 때 얼굴은 오른쪽을 본다. 옆쪽으로 다리를 움직일 때에는 정면을 바라본다. 팔의 움직임은 다음과 같다. 만약 1마디로 실행한다면, One에 손을 2번 포지션으로 펼치고 Two에 허리에 얹는다. 위의 움직임은 정면1번 포지션으로 오른 다리, 왼 다리를 한 번씩 순서대로 앞, 옆을 반복해도 된다.

■ 움직이는 다리가 up한 상태로 바닥을 치기

전주, 준비 동작: 위와 같다.

움직임은 1마디로 한다.

1마디: One: 오른 다리를 '내 쪽으로부터' 미끄러지듯이 쓸어서 앞쪽으로 보낸다. 무릎과 발등은 쭉 펴져 있고 높지 않게 든다.

And: 오른 다리를 '내 쪽으로' up 상태를 거쳐 가져온다. 이때 플랙스 상태로 서 있는 다리의 발목 앞쪽에 위치한다. 무릎은 턴-아웃 상태이다.

Two: 오른 다리가 3번 포지션에서 up한 상태로 바닥을 친다.

And: 오른 다리를 플랙스 상태로 서 있는 다리의 발목 앞쪽으로 가져온다. 무릎은 턴-아웃 상태이다.

이전과 같은 방법으로 실행한다.

■ 서 있는 다리가 살짝 뛰면서 동작하기

전주, 준비 동작: 위와 같다. 그리고 마지막 4마디째 Two-And에 서 있는 다리가 Demi-Plié로 앉는다.

움직임은 1마디로 한다.

1마디: One: 서 있는 다리가 살짝 뛴다.
　　　And: 오른 다리를 '내 쪽으로부터' 미끄러지듯이 쓸어서 앞쪽으로 보낸다. 무릎과 발등은 쭉 펴져 있고 높지 않게 든다.
　　　Two: 서 있는 다리가 살짝 뛴다.
　　　And: 오른 다리를 '내 쪽으로' up 상태를 거쳐 가져온다. 이때 플랙스 상태로 서 있는 다리의 발목 앞쪽에 위치한다. 무릎은 턴-아웃 상태이다.
이전 학습방법과 동일하게 실행한다.

■ 살짝 뛰는 동작과 함께 하기 (악센트는 '내 쪽으로')

전주, 준비 동작: 위와 같다.

움직임은 2동작을 한 마디에 실행한다.

준비: And: 오른 다리를 '내 쪽으로부터' 미끄러지듯이 쓸어서 앞쪽으로 보낸다. 무릎과 발등은 쭉 펴져 있고 높지 않게 든다.
1마디: One: 오른 다리를 도약하면서 up 상태를 거쳐 '내 쪽으로' 가져온다. 이때 플랙스 상태로 서 있는 다리의 발목 앞쪽에 위치한다. 무릎은 턴-아웃 상태이다.
　　　And-Two: 위의 움직임을 오른쪽으로 실행한다.

■ 도약하면서 이동하기

전주, 준비 동작: 위와 같음

움직임은 1마디로 실행한다.

준비: And: 오른 다리를 '내 쪽으로부터' 미끄러지듯이 쓸어서 앞쪽으로 보낸다. 무릎과 발등은 쭉 펴져 있고 높지 않게 든다.
1마디: One: 오른 다리를 도약하면서 up 상태를 거쳐 '내 쪽으로' 가져온다. 이때 플랙스 상태로 서 있는 다리의 발목 앞쪽에 위치한다. 무릎은 턴-아웃 상태이다.
　　　And: 오른 다리를 up한 상태로 이동한다.
　　　Two: 오른 다리를 서 있는 다리의 발목 앞쪽에 플랙스로 들어 올리고, 왼 다리는 up한 상태로 이동시킨다.
위의 움직임을 오른쪽, 뒤-오른쪽, 오른쪽으로 실행하고 반복한다. 2박 화음에

3번 포지션으로 서고 팔을 편안하게 아래로 내려놓는다. 위의 동작은 얼굴과 팔의 움직임을 추가할 수 있다. 정면1번 포지션으로 오른 다리와 왼 다리를 한 발씩 앞쪽으로 실행 가능하다.

■ 도약하면서 다리에서 다리로 이동하기

전주, 준비 동작: 위와 같음

움직임은 1마디로 실행한다.

이 동작은 이전 동작과 같이 실행한다. 그러나 이 경우에 이동할 때 살짝 뛰는 도약을 동반하고 무릎을 구부려 다리를 위로 차례로 들어주어야 한다(이때, 무릎 위까지 다리를 끌어올린다).

준비: And: 오른 다리를 '내 쪽으로부터' 미끄러지듯이 쓸어서 앞쪽으로 보낸다. 무릎과 발등은 쭉 펴져 있고 높지 않게 든다.

1마디: One: 오른 다리를 도약하면서 up 상태를 거쳐 '내 쪽으로' 가져온다. 이때 플랙스 상태로 서 있는 다리의 발목 앞쪽에 위치한다. 무릎은 턴-아웃 상태이다.

And: 왼 다리의 무릎을 구부리면서 오른 다리 쪽으로 이동한다.

Two: 왼 다리로 살짝 뛰듯이 이동하면서 무릎을 턴-아웃 상태로 가져온다. 오른 다리를 서 있는 다리의 발목 앞쪽에 플랙스로 가져온다.

■ 상체를 멀리 건너가듯이 숙이기

전주, 준비 동작: 위와 같음

움직임은 2마디로 실행한다.

1마디: One: 오른 다리를 '내 쪽으로부터' 미끄러지듯이 쓸어서 앞쪽으로 보낸다. 무릎과 발등은 쭉 펴져 있고 높지 않게 든다.

And: 멈춘다.

Two: 오른 다리를 도약하면서 up 상태를 거쳐 '내 쪽으로' 가져온다. 이때 플랙스 상태로 서 있는 다리의 발목 앞쪽에 위치한다. 무릎은 턴-아웃 상태이다.

And: 멈춘다.

2마디: One: 왼 다리의 무릎을 구부리면서 오른 다리는 서고 바로 오른 다리 Demi-Plié로 앉으며 왼 다리의 발뒤꿈치를 오른 다리 뒤쪽에서 포인트 상태로 들어 올린다. 무릎은 턴-아웃, 얼굴과 몸통은 오른쪽으로 숙인다.

And: 멈춘다.

Two: 오른 다리의 무릎을 구부리면서 왼 다리는 선다. 오른발은 플랙스 한 상태로 서 있는 다리의 발목 앞에서 있다. 몸통은 처음 자세로 돌아온다.

And: 멈춘다.

위의 동작은 상체를 오른쪽으로 얼굴은 오른쪽으로, 다음 동작에는 상체를 왼쪽으로 얼굴을 왼쪽으로, 다음 동작에는 상체를 뒤쪽으로 숙이고 얼굴은 오른쪽으로, 마지막 동작에는 상체를 오른쪽으로 얼굴은 오른쪽으로 실행한다. 동작을 반복한 후 2박 화음에 3번 포지션으로 서고 손을 아래로 편안하게 내려놓는다. 반대쪽으로 동작을 수행하고 익숙해지면 1마디로 실행 가능하다.

■ 상체를 멀리 건너가듯이 숙이고 서 있는 다리를 up한 상태로 바닥 치기

전주, 준비 동작: 위와 같음

이 동작은 이전 동작과 같이 실행한다. 하지만 2마디에 왼 다리를 up 상태로 유지해 바닥을 치고 바로 들어 올리는 동작을 추가해야 한다. 1마디는 이전과 같이 실행하고 2마디에 바닥 치는 동작을 실행하는 것이다.

■ '내 쪽으로부터' 서 있는 다리의 발뒤꿈치를 들어 올린 상태로 동작하기

전주, 준비 동작: 위와 같음

움직임은 1마디로 실행한다.

1마디: One: 서 있는 다리의 발뒤꿈치를 들어 올리면서 오른 다리는 '내 쪽으로부터' 미끄러지듯이 바닥을 2번 쳐서 앞쪽으로 보낸다.

And: 멈춘다.

Two: 서 있는 다리의 발뒤꿈치를 내려놓으면서 오른 다리의 무릎을 구부려 서 있는 다리의 발목 앞쪽 플렉스 상태로 가져온다. 무릎은 턴-아웃 상태이다.

And: 멈춘다.

위의 동작을 살짝 뛰는 동작, 도약하면서 이동하는 동작과 함께 실행해 본다.

PART 09

베레보치케 веревочке [13)]

센터에서 〈베레보치카〉를 실행하기 전에 무릎과 허벅지를 강화시키는 움직임이다. 기본적인 훈련은 서 있는 다리의 무릎을 쭉 편 상태에서 시작하고, 서 있는 다리를 up으로 하거나 Demi-Plié, 점프 움직임을 동반하기도 한다. 움직이는 다리를 턴-아웃 상태에서 턴-인으로 하거나, 턴-인에서 턴-아웃 상태로 이동하는 동작 즉 서 있는 다리를 up한 상태에서 혹은 바닥에 붙인 상태에서, 움직이는 다리의 무릎을 구부려서 바 쪽으로 향하게 하는 동작 혹은 바 바깥쪽으로 하는 동작과 〈빈트(винт)〉라고 불리는 동작[14)]도 Demi-Plié, 점프 움직임을 포함할 수 있다.

위의 움직임은 열린3번 포지션과 열린5번 포지션에서 모든 동작을 실행할 수 있다. 이 움직임은 〈데벨로빼: 다리를 90°로 들기〉, 〈그랑 밧드망(Grand Battement)〉 등과 함께 사용할 수 있다. 〈베레보치케(веревочке)〉는 러시아, 우크라이나, 헝가리 등의 민속춤에서 활용 가능하다. 음악은 4분의 2박이다.

---

13) 클래식 발레 동작 중 PASSE와 유사하다.
14) 무릎을 턴-인에서 턴-아웃/ 턴-아웃에서 턴-인 상태로 돌리는 동작

◥ 기본

가장 중요한 움직임은 움직이는 다리가 서 있는 다리의 안쪽으로 미끄러지듯이 쓸어서 앞쪽에 위로 올리고, 서 있는 다리의 안쪽을 쓸어서 뒤로 내려놓는 것이다.

준비 동작: 열린5번 포지션으로 선다. 오른 다리는 앞쪽으로, 팔은 편안하게 아래로 내려놓는다.
전주, 준비 동작: 2마디
1마디: 음악을 듣는다.
2마디: One-And: 두 팔을 앞으로 든다.
　　　　Two-And: 바에 손을 얹는다.

움직임은 4마디로 한다.
1마디: One-And: 오른 다리의 무릎을 구부려 서 있는 다리의 안쪽으로 미끄러지듯이 쓸어 무릎 위까지 들어 올린다. 발등은 포인트 상태이다.
　　　　Two-And: 멈춘다.
2마디: One-And: 움직이는 다리의 발끝을 무릎 뒤로 이동한 후 서 있는 다리의 뒤쪽을 쓸어서 뒤쪽 5번 포지션으로 가져온다.
　　　　Two-And: 멈춘다.
3마디: One-And: 오른 다리의 무릎을 구부려 서 있는 다리의 안쪽으로 미끄러지듯이 쓸어 무릎 위까지 들어 올린다. 서 있는 다리의 뒤쪽을 쓸어서 무릎 뒤쪽에 위치한다. 발등은 포인트 상태이다.
　　　　Two-And: 멈춘다.
4마디: One-And: 움직이는 다리를 무릎으로 이동하고 서 있는 다리의 안쪽을 쓸어서 앞쪽에 5번 포지션으로 가져온다.
　　　　Two-And: 멈춘다.

위의 움직임을 4회 반복한다. 2박 화음에 팔을 편안하게 내려놓는다. 잠시 후에 반대쪽 다리를 실행한다. 훈련에 익숙해지면 2마디 혹은 1마디로 빠르게 실행 가능하다. 준비 동작에 1마디로 빠르게 준비할 경우 뒤, 앞, 뒤로 빠르게 움직여 준비할 수도 있다.

▰ Demi-Plie와 함께 동작하기

종류 1.

서 있는 다리를 Demi-Plié로 앉는 순간에 움직이는 다리를 위로 올리는 동작이다.

전주, 준비 동작: 위와 동일하다.

움직임은 4마디로 실행한다.

1마디: 서 있는 다리를 앉으면서 오른 다리의 무릎을 구부려
　　　서 있는 다리의 발바닥 위로 다리를 들어 올린다.

2마디: 두 다리의 무릎을 펴면서 오른 다리를 뒤쪽에 5번 포지션으로 가져온다.

3마디: 서 있는 다리를 앉으면서 오른 다리의 무릎을 구부려 서 있는 다리의 발바닥 위로 다리를
　　　들어 올린다.

4마디: 두 다리의 무릎을 펴면서 오른 다리를 앞쪽에 5번 포지션으로 가져온다.

움직임을 4회 반복한다. 2박 화음에 손을 아래로 편안하게 내려놓는다. 잠시 후에 반대쪽 다리를 실행한다. 2마디, 1마디로 점차 빠르게 진행하고 준비 동작을 1마디로 실행한다.

종류 2.

서 있는 다리를 Demi-Plié로 앉는 순간에 움직이는 다리를 포지션으로 내려놓는다.

전주, 준비 동작: 위와 동일하다.

움직임은 4마디로 실행한다.

1마디: 오른 다리의 무릎을 구부려 서 있는 다리의 발바닥 위로 다리를 들어 올린다.

2마디: 두 다리를 Demi-Plié로 앉으면서 오른 다리를 뒤쪽에 5번 포지션으로 가져온다.

3마디: 서 있는 다리의 무릎을 펴면서, 오른 다리 무릎을 구부려 서 있는 다리의 발바닥 위로 다리를 들어 올린다.

4마디: 두 다리를 Demi-Plié로 앉으면서 오른 다리를 앞쪽에 5번 포지션으로 가져온다.

움직임을 4회 반복한다. 2박 화음에 손을 아래로 편안하게 내려놓는다. 잠시 후에 반대쪽 다리를 실행한다. 2마디, 1마디로 점차 빠르게 진행하고 준비 동작을 1마디로 실행한다.

준비 동작을 1마디에 다리를 세 번 이동시킬 때에는 다음과 같이 실행한다.

준비: 오른 다리 무릎을 구부린다.

1마디: One: 뒤쪽 5번 포지션으로 서자마자 무릎을 구부린다.

And: 앞쪽 5번 포지션으로 서자마자 무릎을 구부린다.

Two: 두 다리를 Demi-Plié로 앉으면서 뒤쪽 5번 포지션으로 내려놓는다.

■ up한 상태로 동작하기

전주, 준비 동작: 위와 동일하다.

움직임은 4마디로 실행한다.

1마디: 서 있는 다리를 up한 상태로 들어 올리면서, 오른 다리의 무릎을 구부려 서 있는 다리의 발바닥 위로 다리를 들어 올린다.

2마디: 서 있는 다리를 발바닥으로 상태로 내려오면서, 오른 다리를 뒤쪽에 5번 포지션으로 가져온다.

3마디: 서 있는 다리를 up한 상태로 들어 올리면서, 오른 다리의 무릎을 구부려 서 있는 다리의 발바닥 위로 다리를 들어 올린다.

4마디: 서 있는 다리를 발바닥으로 up 상태에서 발바닥으로 딛는 상태로 내려오면서, 오른 다리를 앞쪽에 5번 포지션으로 가져온다.

위와 같이 반복한다.

▰ 무릎을 바 안쪽으로 돌리기/ 바 바깥쪽으로 돌리기

종류 1.

서 있는 다리의 무릎을 편 상태에서 실행한다.

전주, 준비 동작: 위와 동일하다.

움직임은 4마디로 실행한다.

1마디: One-And: 오른 다리의 무릎을 구부려 서 있는
　　　　　　　다리의 발바닥 위로 다리를 들어 올린다.
　　　Two-And: 멈춘다.

2마디: One-And: 오른 다리의 무릎을 왼쪽으로 돌린다.
　　　Two-And: 멈춘다.

3마디: One-And: 오른 다리의 무릎을 오른쪽으로 돌린다.
　　　Two-And: 멈춘다.

4마디: One-And: 오른 다리를 앞쪽 5번 포지션으로 놓고 선다.
　　　Two-And: 멈춘다.

움직임을 4회 반복한다. 2박 화음에 손을 아래로 편안하게 내려놓는다. 잠시 후에 반대쪽 다리를 실행한다. 2마디, 1마디로 점차 빠르게 진행하고 준비 동작을 1마디로 실행한다. 얼굴을 무릎이 이동하는 방향으로 돌린다.

종류 2.

서 있는 다리가 Demi-Plié에서 오른 다리 무릎을 돌린다.

이 움직임은 '종류 1'과 동일하다. 그러나 2마디에 One-And에 서 있는 다리가 Demi-Plié 상태로 유지되어 있다.

▰ up한 상태에서 무릎을 돌리기

종류 1.

서 있는 다리를 쭉 편 상태에서 실행한다.

전주, 준비 동작: 위와 동일하다.

움직임은 4마디로 실행한다.

1마디: One-And: 서 있는 다리를 up한 상태로 들어 올리면서, 오른 다리 무릎을 구부려 서 있는 다리의 발바닥 위로 다리를 들어 올린다.

  Two-And: 멈춘다.

2마디: One-And: 오른 다리의 무릎을 왼쪽으로 돌린다.

  Two-And: 멈춘다.

3마디: One-And: 오른 다리의 무릎을 오른쪽으로 돌린다.

  Two-And: 멈춘다.

4마디: One-And: 있는 다리를 내려놓으면서,

  오른 다리를 앞쪽 5번 포지션으로 놓고 선다.

  Two-And: 멈춘다.

종류 2.

이 움직임은 '종류 1'과 동일하다. 그러나 2마디에 One-And에 서 있는 다리가 Demi-Plié 상태로 유지되어 있다.

◤ 점프와 함께 동작하기

전주, 준비 동작: 위와 동일하다.

움직임은 4마디로 실행한다.

1마디: One-And-Two: 두 다리를 Demi-Plié로 앉는다.

  And: 오른 다리의 무릎을 구부리면서 위로 뛴다. 서 있는 다리는 포인트 상태이고 무릎을 쭉 편다.

2마디: One-And: 두 다리를 Demi-Plié로 앉으면서 오른 다리를 뒤쪽에 5번 포지션으로 내려놓는다.

  Two-And: Demi-Plié에서 일어난다. 두 다리를 쭉 편다.

3마디: One-And-Two: 두 다리를 Demi-Plié로 앉는다.

And: 오른 다리의 무릎을 구부리면서 위로 뛴다. 서 있는 다리는 포인트 상태이고 무릎을 쭉 편다.

4마디: One-And: 두 다리를 Demi-Plié로 앉으면서 오른 다리를 앞쪽에 5번 포지션으로 내려놓는다.

Two-And: Demi-Plié에서 일어난다. 두 다리를 쭉 편다.

움직임을 4회 반복한다. 2박 화음에 손을 아래로 편안하게 내려놓는다. 잠시 후에 반대쪽 다리를 실행한다. 2마디, 1마디로 점차 빠르게 진행하고 준비 동작을 1마디로 실행한다.

움직이는 다리를 턴-아웃에서 턴-인으로 돌리기/ 턴-인에서 턴-아웃으로 돌리기

▰ 기본

전주, 준비 동작: 위와 동일하다.

움직임은 4마디로 실행한다.

1마디: One-And: 오른 다리의 무릎을 구부려 서 있는 다리의 안쪽으로 미끄러지듯이 쓸어 무릎 위까지 들어 올린다. 발등은 포인트 상태이다.

Two-And: 무릎을 왼쪽으로 돌린다.

2마디: One-And: 정면1번으로 선다.

Two-And: 멈춘다.

3마디: One-And: 그 상태로 오른 다리의 무릎을 구부려 서 있는 다리의 안쪽으로 미끄러지듯이 쓸어 무릎 위까지 들어 올린다.

Two-And: 무릎을 오른쪽으로 돌린다. 움직이는 다리를 서 있는 다리의 무릎 앞쪽으로 가져온다.

4마디: One-And: 오른 다리를 서 있는 다리의 안쪽을 쓸어서 앞쪽에 열린5번 포지션으로 가져온다.

Two-And: 멈춘다.

움직임을 4회 반복한다. 2박 화음에 손을 아래로 편안하게 내려놓는다. 잠시 후에 반대쪽 다리를 실행한다. 2마디, 1마디로 점차 빠르게 진행하고 준비 동작을 1마디로 실행한다. 얼굴을 무릎 방향으로 돌려서 같이 움직인다.

■ Demi-Plie와 함께 동작하기

전주, 준비 동작: 위와 동일하다.

움직임은 4마디로 실행한다.

1마디: One-And: 오른 다리의 무릎을 구부려 서 있는 다리의 안쪽으로 미끄러지듯이 쓸어 무릎 위까지 들어 올린다. 발등은 포인트 상태이다.

Two-And: 무릎을 왼쪽으로 돌린다.

2마디: One-And: 두 다리를 정면1번 Demi-Plié로 앉는다.

Two-And: 두 무릎을 편다.

3마디: One-And: 다시 Demi-Plié로 앉았다가 일어나면서 오른 다리의 무릎을 구부려 서 있는 다리의 안쪽으로 미끄러지듯이 쓸어 무릎 위까지 들어 올린다.

Two-And: 오른 다리의 무릎을 오른쪽으로 돌린다. 움직이는 다리를 서 있는 다리의 무릎 앞쪽으로 가져온다.

4마디: One-And: 두 다리를 Demi-Plié로 앉으면서, 오른 다리를 서 있는 다리의 안쪽을 쓸어서 앞쪽에 열린5번 포지션으로 가져온다.

Two-And: 두 다리를 쭉 편다.

이전 동작과 같이 학습한다.

■ up한 상태로 이동하면서 동작하기

전주, 준비 동작: 위와 동일하다.

움직임은 4마디로 실행한다.

1마디: One-And: 서 있는 다리를 up으로 들어 올리면서, 오른 다리 무릎을 구부려 서 있는 다리의 안쪽으로 미끄러지듯이 쓸어 무릎 위까지 들어 올린다. 발등은 포인트 상태이다.

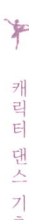

Two-And: 무릎을 왼쪽으로 돌린다.
2마디: One-And: up으로 들어 올린 다리를 내려놓으면서, 두 다리를 정면1번 상태로 선다.
Two-And: 멈춘다.
3마디: One-And: 그 상태로 서 있는 다리를 up으로 들어 올리면서, 오른 다리의 무릎을 구부려 서 있는 다리의 안쪽으로 미끄러지듯이 쓸어 무릎 위까지 들어 올린다.
Two-And: 오른 다리 무릎을 오른쪽으로 돌린다. 움직이는 다리를 서 있는 다리의 무릎 앞쪽으로 가져온다.
4마디: One-And: up으로 들어 올린 다리를 내려놓으면서, 오른 다리를 서 있는 다리의 안쪽을 쓸어서 앞쪽에 열린5번 포지션으로 가져온다.
Two-And: 멈춘다.
이전 동작과 같이 학습한다.

서 있는 다리의 발뒤꿈치를 돌리면서 〈베레보치케 веревочке〉 준비하기

◤ 기본

전주, 준비 동작: 위와 동일하다.

움직임은 4마디로 실행한다.

1마디: One-And: 서 있는 다리의 발뒤꿈치를 왼쪽으로 돌리면서 오른 다리의 무릎을 구부려 서 있는 다리의 안쪽으로 미끄러지듯이 쓸어 무릎 위까지 들어 올린다. 발등은 포인트 상태이고 발끝을 무릎에 붙인다.
Two-And: 멈춘다.
2마디: One-And: 왼 다리의 발뒤꿈치를 돌려 처음 동작으로 만들며 오른 다리를 뒤쪽에 5번 포지션으로 내려놓는다.
Two-And: 멈춘다.
3마디: One-And: 서 있는 다리의 발뒤꿈치를 왼쪽으로 돌리면서 오른 다리의 무릎을 구부려 턴-인 상태로 위로 끌어올린다. (PASSE)
Two-And: 멈춘다.

4마디: One-And: 왼 다리의 발뒤꿈치를 돌려 처음 동작으로 만들며 오른 다리를 앞쪽에 5번 포지션으로 내려놓는다.

　　　　Two-And: 멈춘다.

■ up한 상태로 이동하면서 동작하기

전주, 준비 동작: 위와 동일하다.

움직임은 4마디로 실행한다.

1마디: One-And: 서 있는 다리의 발뒤꿈치를 왼쪽으로 돌려 up하면서 오른 다리의 무릎을 구부려 서 있는 다리의 안쪽으로 미끄러지듯이 쓸어 무릎 위까지 들어 올린다. 발등은 포인트 상태이고 발끝을 무릎에 붙인다.

　　　　Two-And: 멈춘다.

2마디: One-And: 왼 다리의 발뒤꿈치를 돌려 up에서 내려와 처음 동작으로 만들며 오른 다리를 뒤쪽 5번 포지션으로 내려놓는다.

　　　　Two-And: 멈춘다.

3마디: One-And: 서 있는 다리의 발뒤꿈치를 왼쪽으로 돌려 up하면서 오른 다리의 무릎을 구부려 턴-인 상태로 위로 끌어올린다. (PASSE)

　　　　Two-And: 멈춘다.

4마디: One-And: 왼 다리의 발뒤꿈치를 돌려 up에서 내려와 처음 동작으로 만들며 오른 다리를 앞쪽 5번 포지션으로 내려놓는다.

　　　　Two-And: 멈춘다.

위의 움직임을 4회 반복한다. 움직임이 익숙해지면 2마디, 1마디에 실행해 본다.

턴-인에서 턴-아웃으로 다리를 돌리기
〈빈트 винт〉

■ 기본

전주, 준비 동작: 위와 동일하다.

움직임은 2마디로 실행한다.

1마디: One-And: 오른 다리 발끝을 왼쪽으로 돌려 정면1번 포지션으로 돌리면서, 오른 다리의 무릎을 구부려 서 있는 다리의 옆을 쓸어서 끌어올린다.
   Two-And: 멈춘다.
2마디: One-And: 오른 다리의 무릎을 오른쪽으로 돌려, 움직이는 다리가 서 있는 다리의 무릎 앞으로 이동하고, 다시 움직이는 다리를 앞쪽 5번 포지션으로 이동한다.
   Two-And: 멈춘다.

움직임을 4회 반복한다. 2박 화음에 손을 아래로 편안하게 내려놓는다. 잠시 후에 반대쪽 다리를 실행한다. 2마디, 1마디로 점차 빠르게 진행하고 준비 동작을 1/4마디로 실행한다. 얼굴은 무릎이 이동하는 방향으로 이동한다.

■ Demi-Plie와 함께 동작하기

전주, 준비 동작: 위와 동일하다.

움직임은 2마디로 실행한다.

1마디: One-And: 오른 다리 발끝을 왼쪽으로 돌려 정면1번 포지션을 만든다. 왼 다리를 up하면서, 오른 다리의 무릎을 구부려 서 있는 다리의 옆을 쓸어서 끌어올린다.
   Two-And: 오른 다리의 무릎을 오른쪽으로 돌려, 움직이는 다리의 발끝이 서 있는 다리의 무릎 앞으로 이동한다.
2마디: One-And: 두 다리를 Demi-Plié로 앉으면서, 움직이는 다리를 앞쪽 5번 포지션으로 이동한다.
   Two-And: 두 무릎을 편다.

이전 동작과 같이 학습한다.

■ up한 상태로 이동하면서 동작하기

전주, 준비 동작: 위와 동일하다.

움직임은 2마디로 실행한다.

1마디: One-And: 오른 다리 발끝을 왼쪽으로 돌려 정면 1번 포지션을 만든다. 왼 다리를 up하면서, 오른 다리의 무릎을 구부려 서 있는 다리의 옆을 쓸어서 끌어올린다.
　　　　 Two-And: 멈춘다.
2마디: One-And: 오른 다리의 무릎을 오른쪽으로 돌려, 움직이는 다리의 발끝이 서 있는 다리의 무릎 앞으로 이동한다. 움직이는 다리를 앞쪽 열린 5번 포지션으로 이동시킨다.
　　　　 Two-And: 멈춘다.

이전 동작과 같이 학습한다.

■ 점프와 함께 동작하기

전주, 준비 동작: 위와 동일하다.

움직임은 2마디로 실행한다.

1마디: One-And-Two: 두 다리를 Demi-Plié 상태로 앉는다.
　　　　 And: 오른 다리의 무릎을 구부리고 왼쪽으로 돌린다. 오른 다리를 왼 다리의 무릎까지 올리고 왼 다리로 점프한다. 이때 오른 다리를 오른쪽으로 돌린다. 서 있는 다리의 무릎과 발등은 펴져 있다.
2마디: One-And: 두 다리를 Demi-Plié로 앉으면서, 움직이는 다리를 앞쪽 5번 포지션으로 이동한다.
　　　　 Two-And: 두 무릎을 편다.

이전 동작과 같이 학습한다.

PART 10

지그자기зигзаги 혹은 즈메이카змейка [15]

이 동작은 무릎을 강화시키는 움직임으로 후에 센터에서 가르모쥐까гармошка, 에로치카ёлочка를 수행하기 위해서 준비 과정이다. 이 움직임은 두 종류의 기본 동작이 있다. 첫 번째는 한 번 지그자기зигзаги 혹은 두 번 지그자기зигзаги 두 번째는 이 동작을 발바닥으로 바닥을 치면서 실행하는 것이다.
3번 포지션 혹은 5번 포지션에서 시작한다.
〈데가제〉, 〈드로브늬에 븨스투키바니야дробные выстукивания〉, 〈자유로운 발의 움직임〉과 같은 움직임이 up을 선 채로, 점프를 동반하는 등 콤비네이션을 이루어 다양한 박자와 함께 표현될 수 있다.
헝가리, 폴란드, 칼무크 등의 민속춤에서 실행된다.
음악은 4분의 2박자, 4분의 4박자, 4분의 3박자로 훈련한다.

---

[15] 즈메이카는 뱀이 기어가는 모습을 형상화 한 움직임이다. 즈메이카는 바닥에서 행해지는 동작이기 때문에 빠또르찌에потортъе라고도 일컫는다.

준비 동작

지그자기зигзаги는 발바닥을 턴-아웃 상태에서 돌려서 턴-인 상태로 돌리거나 그 반대로 행하는 동작이다. 처음에는 느린 템포로 훈련을 하다가 점차 빠르게 훈련한다.
2가지의 훈련 방법이 있다.
첫 번째: 움직임을 한 번 실행한 후에 반대쪽 다리를 실행하는 것이다.
두 번째: 두 다리를 순서대로 하나씩 실행하는 것이다.

준비 동작: 열린5번 포지션으로 선다. 오른 다리가 앞에 있고 팔은 편안하게 아래로 내려놓는다.
박자: 4분의 2박자
전주: 4마디
1-2마디: 음악을 듣는다.
3마디: One-And: 오른손을 앞으로 든다.
　　　　Two-And: 손을 허리에 얹는다.
4마디: One-And: 두 다리를 Demi-Plié로 앉는다.
　　　　Two-And: 멈춘다.

종류 1. 움직임은 4마디로 실행한다.
1마디: One-And: 오른 발꿈치를 들어 올린다.
　　　　Two-And: 발뒤꿈치를 오른쪽으로 돌리면서 선다.
2마디: One-And: 오른 발꿈치를 들어 올린다.
　　　　Two-And: 발뒤꿈치를 왼쪽으로 돌려 처음 자세로 선다.
3-4마디: 왼쪽으로 움직임을 실행한다.

Demi-Plié로 앉아서 위의 움직임을 훈련한다. 발바닥의 위치가 바뀔 때, 발뒤꿈치를 높게 들어야 한다. 움직임을 4회 반복한다. 후에 위의 움직임을 2마디로 진행하고 준비 동작은 1마디로 실행한다. 발뒤꿈치를 돌릴 때, 얼굴도 옆으로 돌린다.

종류 2. 움직임은 4마디로 실행한다.

1마디: One-And: 오른 발꿈치를 들어 올린다.

　　　　Two-And: 발뒤꿈치를 오른쪽으로 돌리면서 선다.

2마디: One-And: 왼 발꿈치를 들어 올린다.

　　　　Two-And: 발뒤꿈치를 왼쪽으로 돌리면서 선다.

3마디: One-And: 오른 발꿈치를 들어 올린다.

　　　　Two-And: 발뒤꿈치를 왼쪽으로 돌려 처음 자세로 선다.

4마디: One-And: 왼 발꿈치를 들어 올린다.

　　　　Two-And: 발뒤꿈치를 오른쪽으로 돌려 처음 자세로 선다.

위의 움직임을 4회 반복한다. 훈련에 익숙해지면 2마디로 실행하고 준비 박자는 1마디, 혹은 1/4마디로 실행한다. 얼굴은 정면을 바라본다. 팔의 움직임은 아래와 같이 실행한다.

1마디: 팔을 2번 포지션으로 연다.

2마디: 허리에 얹는다.

한 번 지그자기하기

▰ 기본

준비 동작: 열린3번 포지션으로 선다. 오른 다리가 앞에 있다. 손은 편안하게 앞으로 내려놓는다.

박자: 4분의 2박자

전주: 4마디

1-2마디: 음악을 듣는다.

3마디: One-And: 오른손을 앞으로 든다.

　　　　Two-And: 손을 허리에 얹는다.

4마디: One-And: 오른 다리 발끝을 오른쪽으로 이동시킨다.

　　　　Two-And: 오른쪽으로 다리를 살짝 든다.

움직임은 4마디로 실행한다.

1마디: One-And: 오른 다리의 무릎을 구부린다. 오른 다리의 발끝을 포인트 상태로 서 있는 다리의 발끝 앞쪽에 가져온다.

　　　　Two-And: 멈춘다.

2마디: One-And: 오른 다리의 발뒤꿈치를 약간 오른쪽으로 돌려 정면3번 포지션으로 내려놓는다. 이때, 서 있는 다리는 Demi-Plié를 한다.

　　　　Two-And: 멈춘다.

3마디: One-And: 두 다리를 구부려 Demi-Plié로 앉으면서, 오른 다리를 발끝을 오른쪽으로 돌린다(열린3번 포지션으로 이동시킨다).

　　　　Two-And: 멈춘다.

4마디: One-And: 서 있는 다리의 무릎을 펴면서, 오른 다리를 오른쪽으로 날카롭게 약간 들어 올린다. 서 있는 다리로 무게 중심을 이동한다.

　　　　Two-And: 멈춘다.

위의 움직임은 4회 반복한다. 2박 화음에 발끝을 땅에 내려놓고 3번 포지션으로 돌아온다. 팔은 편안하게 내린다. 잠시 후에 반대쪽 다리를 실행한다.

얼굴과 몸통의 움직임은 다음과 같다.

1마디 One-And에 얼굴과 몸통은 왼쪽으로 숙이고, 시선은 움직이는 다리의 발뒤꿈치를 바라본다. 2마디 One-And에 상체를 일으키고 얼굴은 오른쪽으로 돌린다. 3마디 One-And에 얼굴은 정면을 바라본다. 4마디 One-And에 얼굴을 오른쪽 방향으로 돌린다.

위의 움직임을 2마디 혹은 1마디로 실행한다.

움직이는 다리가 오른쪽으로 이동하고 오른쪽으로 들 때, 두 다리가 위로 점프하는 동작을 추가해도 된다.

▰ 발바닥으로 바닥을 치면서 동작하기

준비 동작: 열린3번 포지션으로 선다. 오른 다리가 앞에 있다. 손은 편안하게 앞으로 내려놓는다.
박자: 4분의 2박자

움직임은 2마디로 실행한다.

1마디: One-And: 오른 다리의 무릎을 구부린다. 오른 다리의 발끝을 포인트 상태로 서 있는 다리의 발끝 앞쪽에 가져온다. 무릎은 턴-아웃 상태이다.
   Two-And: 서 있는 다리가 Demi-Plié로 앉으면서, 오른 다리가 정면3번 포지션에서 발바닥으로 바닥을 친다.

2마디: One-And: 두 다리를 구부려 Demi-Plié로 앉으면서, 오른 다리로 열린3번 포지션에서 바닥을 친다.
   Two-And: 서 있는 다리의 무릎을 펴면서, 오른 다리를 날카롭게 오른쪽으로 약간 들어올린다. 서 있는 다리로 무게 중심을 이동한다. 오른 다리의 무릎은 펴져 있고 발등은 펴져 있다.

이전 동작처럼 훈련한다.

두 번 지그자기하기

▰ 기본

준비 동작: 열린3번 포지션으로 선다. 오른 다리가 앞에 있다. 손은 편안하게 앞으로 내려놓는다.
박자: 4분의 2박자

움직임은 4마디로 실행한다.

1마디: One-And: 오른 다리의 무릎을 구부린다. 오른 다리의 발끝을 포인트 상태로 서 있는 다리의 발끝 앞쪽에 가져온다. 무릎은 턴-아웃 상태이다.

Two-And: 서 있는 다리가 Demi-Plié로 앉으면서, 오른 다리는 정면3번 포지션으로 이동한다.

2마디: One-And: 두 다리를 구부려 약간 더 Demi-Plié로 앉으면서, 오른 다리로 열린3번 포지션으로 이동한다.

Two-And: 두 다리를 구부려 약간 더 Demi-Plié로 앉으면서, 오른 다리의 발뒤꿈치를 오른쪽으로 돌린다.

3마디: One-And: 두 다리를 구부려 Demi-Plié로 앉으면서, 오른 다리의 발끝을 오른쪽으로 돌려 열린2번 포지션으로 이동한다. 상체를 평평하게 만들고 두 다리에 가운데 무게 중심이 있다.

Two-And: 멈춘다.

4마디: One-And: 서 있는 다리의 무릎을 펴면서, 오른 다리를 날카롭게 오른쪽으로 약간 들어 올린다. 서 있는 다리로 무게 중심을 이동한다. 오른 다리의 무릎과 발등은 펴져 있다.

Two-And: 멈춘다.

이전 동작처럼 훈련한다.

▰ 발바닥으로 바닥을 치면서 동작하기

준비 동작: 열린3번 포지션으로 선다. 오른 다리가 앞에 있다. 손은 편안하게 앞으로 내려놓는다.
박자: 4분의 2박자

움직임은 4마디로 실행한다.

1마디: One-And: 오른 다리의 무릎을 구부린다. 오른 다리의 발끝을 포인트 상태로 서 있는 다리의 발끝 앞쪽에 가져온다. 무릎은 턴-아웃 상태이다.

Two-And: 서 있는 다리가 Demi-Plié로 앉으면서, 오른 다리가 정면3번 포지션에서 발바닥으로 바닥을 친다.

2마디: One-And: 두 다리를 구부려 약간 더 Demi-Plié로 앉으면서, 오른 다리로 열린3번 포지션에서 발바닥으로 바닥을 친다.

Two-And: 두 다리를 구부려 약간 더 Demi-Plié로 앉으면서, 오른 다리의 발뒤꿈치를 오른쪽으로 돌려 발바닥으로 바닥을 친다.

3마디: One-And: 두 다리를 구부려 Demi-Plié로 앉으면서, 오른 다리의 발끝을 오른쪽으로 돌려 열린2번 포지션에서 발바닥으로 바닥을 친다. 상체를 평평하게 만들고 두 다리에 가운데 무게 중심이 있다.

Two-And: 멈춘다.

4마디: One-And: 서 있는 다리의 무릎을 펴면서, 오른 다리를 날카롭게 오른쪽으로 약간 들어 올린다. 서 있는 다리로 무게 중심을 이동한다. 오른 다리의 무릎과 발등은 펴져 있다.

Two-And: 멈춘다.

이전 동작처럼 훈련한다.

PART 11

데벨로빼 Développé
: 다리를 90°로 열기

허벅지, 무릎, 종아리 근육, 아킬레스건 등 다리를 강하게 훈련하는 움직임이다. 움직임은 천천히 움직일 수도 있고 빠른 템포에도 움직임이 가능하다. 서 있는 다리가 무릎이 펴진 상태에서 Demi-Plié 혹은 up으로 이동하거나 발뒤꿈치로 바닥을 치면서 또는 점프와 함께 등 다양하게 합쳐져 움직일 수 있다. 현재는 〈베레보치카의 준비 동작〉, 〈폰듀〉, 〈상체를 숙이거나 뒤로 젖히기〉, 〈그랑 밧드망〉 등의 움직임과 콤비네이션을 이루어 구성되어진다. 이 움직임은 러시아, 우크라이나, 헝가리, 스페인 등의 민속춤에서 실행된다. 음악은 4분의 3박자 혹은 4분의 4박자이다.

▰ 기본

준비 동작: 오른 다리를 앞으로 놓고 열린5번 포지션으로 서 있다. 오른 다리가 앞에 있고, 손은 편안하게 아래로 내려놓는다.

박자: 4분의 4박자

전주: 2마디

1마디: 음악을 듣는다.

2마디: One-And-Two-And: 팔을 앞으로 든다.
　　　Three-And-Four-And: 바를 잡는다.

오른 다리와 왼 다리를 교차로 옆쪽 방향으로 90° 높이로 든다. 한 다리당 2회 혹은 3회 반복하고 난 후 반대쪽 다리를 실행한다.

움직임은 2마디로 실행한다.

1마디: One-And: 오른 다리의 무릎을 구부려 서 있는 다리의 앞쪽 위로 끌어올린다. 이때, 서 있는 다리의 안쪽-옆쪽에 거쳐 지나간다.
　　　Two-And: 멈춘다.
　　　Three-And: 오른 다리를 포인트 한 상태로 오른쪽-위로 든다.
　　　Four-And: 멈춘다.

2마디: One-And: 오른 다리의 발끝을 바닥에 내려놓는다.
　　　Two-And: 멈춘다.
　　　Three-And: 뒤쪽 5번 포지션으로 가져온다.
　　　Four-And: 멈춘다.

오른 다리로 움직임을 2회 반복한다. 2박 화음에 팔을 편안하게 아래로 내려놓는다. 잠시 후에 반대쪽 다리를 실행한다. 위의 기본적인 움직임을 바를 잡고 앞, 옆, 뒤로 실행한다. 얼굴은 앞, 뒤로 다리를 이동할 때에는 바 바깥쪽을 바라보고 옆쪽으로 다리를 이동할 때에는 정면을 바라본다.

〈데벨로빼〉 동작은 준비 동작을 1마디로 실행 가능하다. 또한 두 동작을 1마디로 실행해도 된다. 익숙해지면, 서 있는 다리를 up한 상태로 훈련한다.

〈데벨로빼〉 동작은 포지션에서 멈추는 동작 없이 실행해도 된다. 이 경우에 움직이는 다리의 무릎이 구부러진 상태로, 서 있는 다리의 무릎 쪽에 발끝을 닿고 바로 원하는 방향으로 〈데벨로빼〉 동작을 실행하면 된다.

■ 서 있는 다리가 Demi-Plie 상태로 동작하기

준비 동작: 오른 다리를 앞으로 놓고 열린5번 포지션으로 서 있다. 오른 다리가 앞에 있고, 손은 편안하게 아래로 내려놓는다.

박자: 4분의 4박자

1-2마디: 음악을 듣는다.

3마디: One-And: 오른손을 1번 포지션으로 가져온다. 얼굴은 약간 왼쪽으로 숙이고, 시선은 손바닥을 향하게 한다.

Two-And: 멈춘다.

Three-And: 오른손 바닥이 위로 향한 2번 포지션으로 이동한다. 얼굴을 오른쪽으로 돌린다.

Four-And: 멈춘다.

4마디: One-And: 손바닥을 아래쪽으로 향하게 한 후, 오른손을 1번 포지션으로 가져온다. 얼굴은 약간 왼쪽으로 숙인다.

Two-And: 멈춘다.

Three-And: 손을 허리에 얹는다. 얼굴을 오른쪽-아래로 숙인다.

Four-And: 얼굴을 든다. 시선은 바 바깥쪽을 바라본다.

움직임은 2마디로 실행한다.

1마디: One-And: 오른 다리의 무릎을 구부려 서 있는 다리의 앞쪽-위로 끌어올린다. 이때, 서 있는 다리의 안쪽-옆쪽에 거쳐 지나간다.

Two-And: 멈춘다.

Three-And: 서 있는 다리가 Demi-Plié로 앉으면서, 오른 다리를 포인트 한 상태로 앞쪽-위로 연다.

Four-And: 멈춘다.

2마디: One-And: 서 있는 다리의 무릎을 펴면서, 오른 다리의 발끝을 앞쪽 바닥에 내려놓는다.

Two-And: 멈춘다.

Three-And: 앞쪽 5번 포지션으로 가져온다.

Four-And: 멈춘다.

위의 움직임을 오른쪽, 뒤쪽, 오른쪽으로 실행한다. 2박 화음에 팔을 편안하게 아래로 내려놓는다. 잠시 후에 반대쪽 다리로 반복한다. 위의 움직임은 다음과 같은 손의 움직임을 추가해도 된다.

1번을 지나 2번 포지션으로 이동하여 팔을 연다. 손바닥에 허리에 얹는다.

혹은 2번 포지션에서 멈춰 있어도 된다.

얼굴은 앞, 뒤로 다리를 이동할 때에는 바 바깥쪽을 바라보고 옆쪽으로 다리를 이동할 때에는 정면을 바라본다.

위의 움직임은 포지션에서 멈추는 동작 없이 실행해도 된다. 포지션 대신 움직이는 다리의 무릎이 구부려진 상태로, 서 있는 다리의 무릎 쪽에 발끝을 닿고 바로 원하는 방향으로 〈데벨로빼〉 동작을 실행하면 된다.

■ 무릎을 바 안쪽으로 혹은 바 바깥쪽으로 돌리는 동작과 함께 움직임 실행하기

종류 1.

준비 동작: 오른 다리를 앞으로 놓고 열린 5번 포지션으로 서 있다. 오른 다리가 앞에 있고, 손은 편안하게 아래로 내려놓는다.

박자: 4분의 4박자

움직임은 2마디로 실행한다.

1마디: One-And: 오른 다리의 무릎을 구부려 서 있는 다리 앞쪽 위로 끌어올린다. 이때, 서 있는 다리의 안쪽–옆쪽에 거쳐 지나간다.

Two-And: 서 있는 다리의 무릎을 펴면서, 오른 다리를 포인트 한 상태로 앞쪽–위로 연다.

Three-And: 오른 다리를 서 있는 다리의 무릎 쪽에 발끝이 닿게 한다. 이때 무릎을 바 안쪽으로 향하게 한다.

Four-And: 오른 다리의 무릎을 오른쪽으로 돌린 후 무릎을 펴서 앞쪽–위로 든다.

2마디: One-And: 오른 다리의 발끝을 앞쪽 바닥에 내려놓는다.

Two-And: 멈춘다.

Three-And: 앞쪽 5번 포지션으로 가져온다.

Four-And: 멈춘다.

위의 움직임을 오른쪽, 뒤쪽, 오른쪽으로 실행한다. 2박 화음에 팔을 편안하게 아래로 내려놓는다. 잠시 후에 반대쪽 다리로 반복한다. 팔의 움직임은 아래와 같다.

1번을 지나 2번 포지션으로 이동한다. 무릎이 바 안쪽으로 향할 때, 손을 허리에 얹는다.

무릎이 옆쪽으로 이동할 때, 얼굴의 방향이 무릎의 방향과 일치하게 실행한다. 훈련이 익숙해지면 준비 동작을 1마디로 실행하고, 서 있는 다리를 up한 상태로 실행하도록 한다.

종류 2.

'종류 1' 과 똑같다. 하지만 움직이는 다리의 무릎이 바 안쪽으로 돌아갈 때, 서 있는 다리가 Demi-Plié로 앉는 동작을 포함한 것이다. up한 상태를 포함한 동작도 똑같다.

종류 3.
'종류 1'과 똑같다. 움직이는 다리가 앞, 옆, 뒤로 이동하는 순간에 서 있는 다리를 Demi-Plié로 앉는 동작 포함한 것이다.

■ 서 있는 다리의 발뒤꿈치로 바닥 치기

종류 1.
준비 동작: 오른 다리를 앞으로 놓고 열린 5번 포지션으로 서 있다. 오른 다리가 앞에 있고, 손은 편안하게 아래로 내려놓는다.
박자: 4분의 4박자

움직임은 1마디로 실행한다.

1마디: One-And: 서 있는 다리를 up한 상태로 들어 올리면서, 오른 다리의 무릎을 구부려 서 있는 다리의 앞쪽 위로 끌어올린다. 이때, 서 있는 다리의 안쪽-옆쪽에 거쳐 지나간다. 무릎은 턴-아웃 상태이다.

Two-And: 서 있는 다리를 Demi-Plié로 앉으면서 발뒤꿈치로 바닥을 한 번 친다. 이 때, 오른 다리를 포인트 한 상태로 앞쪽-위로 연다.

Three-And: 서 있는 다리의 무릎을 펴면서, 오른 다리 발끝을 앞쪽 바닥에 내려놓는다.

Four-And: 오른 다리를 앞쪽 5번 포지션으로 가져온다.

서 있는 다리를 Demi-Plie 한 상태로 〈데벨로빼〉와 똑같이 실행하는 것이다.

종류 2.

발뒤꿈치로 바닥을 두 번 치는 동작을 하는 것이다. 움직이는 다리가 앞, 옆, 뒤로 이동하는 순간에 서 있는 다리를 Demi-Plié로 앉으며 발뒤꿈치로 바닥을 두 번 치는 동작을 포함한 것이다.

▰ 점프와 함께 동작하기

종류 1.

준비 동작: 오른팔을 2번 포지션으로 열면서, 〈데벨로뻬〉의 기본을 실행한다.
박자: 4분의 4박자

움직임은 1마디로 실행한다.

준비: Four: 팔을 편안하게 내려놓으면서, 두 다리를 Demi-Plié로 앉는다.
　　　And: 오른 다리의 무릎을 구부려 발끝을 서 있는 다리의 앞쪽 무릎까지 끌어올리면서, 위로 점프한다. 무릎은 턴-아웃 상태이고 팔은 1번 포지션으로 가져온다.
1마디: One-And: 서 있는 다리를 Demi-Plié로 앉으면서, 오른 다리를 앞쪽-위로 편다. 팔은 2번 포지션으로 손바닥을 위를 향해 있다.
　　　Two-And: 멈춘다.
　　　Three-And: 두 무릎을 쭉 펴면서, 오른 다리를 앞쪽 5번 포지션으로 가져온다.
　　　Four-And: 멈춘다.

위의 움직임을 오른쪽, 뒤쪽, 오른쪽으로 실행한다. 2박 화음에 팔을 편안하게 아래로 내려놓는다. 잠시 후에 반대쪽 다리로 반복한다. 두 움직임을 1마디로 실행해도 된다. One과 Two에 서 있는 다리가 살짝 뛰면서, 오른 다리를 연다. 그리고 두 다리를 Demi-Plié로 앉자마자 다리를 열면서 점프한다. 얼굴 방향은 위와 같다.

■ 살짝 뛰거나 이동하면서 동작하기

준비 동작: 오른팔을 2번 포지션으로 열면서, 〈데벨로빼〉의 기본을 실행한다.
박자: 4분의 4박자

움직임은 1마디로 실행한다.(앞 혹은 뒤로)

준비: Four: 팔을 편안하게 내려놓으면서, 두 다리를 Demi-Plié로 앉는다.
   And: 오른 다리의 무릎을 구부려 발끝을 서 있는 다리의 앞쪽 무릎까지 끌어올리면서, 살짝 뛴다. 무릎은 턴-아웃 상태이고 팔은 1번 포지션으로 가져온다.
1마디: One-And: 서 있는 다리를 Demi-Plié로 미끄러지듯이 앞으로 앉으면서, 오른 다리를 앞쪽-위로 편다. 팔은 2번 포지션으로 손바닥을 위를 향해 있다.
   Two-And: 서 있는 다리의 무릎을 펴면서, 오른 다리로 한 걸음 앞으로 걷는다.
   Three-And: 두 다리의 무릎을 펴고, 왼 다리를 뒤쪽에 5번 포지션으로 가져온다.
   Four-And: 멈춘다.

뒤쪽에 있는 왼 다리로 실행한다. 4회 반복한다. 2박 화음에 팔을 편안하게 아래로 내려놓는다. 잠시 후에 반대쪽 다리로 반복한다. 움직임을 앞쪽으로 할 때, 상체는 뒤쪽으로 향하게 하고 움직임을 뒤쪽으로 할 때에는 상체를 앞으로 숙인다.

PART 12

그랑 밧드망 Grande battements
: 다리를 크게 차기

〈그랑 밧드망〉 동작은 바에서 하는 마지막 훈련 과정이다. 이 움직임은 〈걷기〉 동작을 응용하였다고 볼 수 있으며, 허벅지 근육을 강화시키고 다리를 강하게 해 준다. 주로 열린1번 포지션, 3번 포지션, 5번 포지션에서 실행된다.
캐릭터 댄스에서는 플랙스 한 상태 혹은 상체를 숙이는 등의 움직임과 함께 사용된다.
캐릭터 댄스에서는 다리를 원으로 돌리기, 무릎을 바닥에 닿게 하기, 점프하기, 다리를 늘리기 등의 움직임과 함께 사용된다. 〈그랑 밧드망〉 동작은 〈베레보치카의 준비 동작〉, 〈데벨로빼〉, 〈자유로운 발의 움직임〉의 움직임과 콤비네이션을 이루어 구성된다.
이 움직임은 러시아, 헝가리, 우크라이나, 폴란드 등의 민속춤에서 실행된다. 음악은 4분의 2박자, 4분의 3박자로 실행한다.

◣ 기본

〈그랑 밧드망〉의 기본은 두 손으로 바를 잡고, 오른 다리를 옆으로, 왼 다리를 옆으로 차례로 차고 뒤로 놓는 것이다. 이때, 오른 다리를 2~3회 한 후에 왼 다리를 실행한다.

위의 동작이 익숙해지면, 한 손으로 바를 잡고 〈그랑 밧드망〉을 앞쪽으로 실행한다.

준비 동작: 오른 다리를 앞으로 놓고 열린 5번 포지션으로 서 있다.
박자: 4분의 2박자
전주: 4마디
1-2마디: 음악을 듣는다.
3마디: 팔을 앞으로 든다.
4마디: 손바닥으로 허리를 잡는다.
움직임은 2마디로 실행한다.

1마디: One-And: 오른 다리를 오른쪽으로 크게 찬다.
      Two-And: 오른 다리의 발끝을 바닥으로 내려놓는다.
2마디: One-And: 뒤쪽에 5번 포지션으로 가져온다.
      Two-And: 멈춘다.

움직임을 4회 실행한다. 4마디 쉰 후, 반대쪽 다리를 반복한다. 〈그랑 밧드망〉 동작을 두 손으로 바를 잡고, 옆, 뒤쪽으로 훈련하고 난 후, 한 손으로 바를 잡고 앞, 옆, 뒤, 옆을 실행한다. 다리를 앞으로 혹은 뒤로 찰 때, 얼굴은 바의 바깥쪽으로 향하게 하고, 옆으로 찰 때에는 정면을 바라본다. 익숙해지면, 1마디로 실행한다. 이때 준비 동작을 4분의 1마디로 한다. 위의 동작은 서 있는 다리를 up한 상태에서 진행하여도 된다.

참고

〈그랑 밧드망〉 동작은 힘 있게 차는 동작이지만, 몸이 틀어지면 안 된다. 다리를 앞쪽 혹은 뒤쪽으로 찰 때 상체를 움직이지 않게 훈련하고, 오른 다리를 오른쪽으로 보낼 때 왼쪽어깨가 올라가거나, 왼 다리를 왼쪽으로 보낼 때 오른 어깨가 올라가는 실수를 해서는 안 된다.

■ Demi-Plie 한 상태로 동작하기

종류 1.

움직이는 다리는 포인트 상태로 무릎이 쭉 펴져 있다.

준비 동작: 오른 다리를 앞으로 놓고 열린5번 포지션으로 서 있다. 오른 다리가 앞에 있다.

왼손은 바를 잡고, 오른손을 편안하게 아래로 내려놓는다.

박자: 4분의 2박자

전주: 8마디

1-4마디: 음악을 듣는다.

5마디: One-And: 오른팔을 1번 포지션으로 든다. 얼굴은 약간 왼쪽으로, 시선은 손바닥을 바라본다.

　　　　Two-And: 멈춘다.

6마디: One-And: 손바닥을 위로 한 상태로 팔을 2번 포지션으로 연다. 얼굴을 오른쪽으로 돌린다.

　　　　Two-And: 멈춘다.

7마디: One-And: 손바닥을 아래로 향하게 하여 오른팔을 1번 포지션으로 가져온다. 얼굴은 약간 왼쪽으로 숙인다.

　　　　Two-And: 멈춘다.

8마디: One-And: 손을 허리에 얹는다. 얼굴을 오른쪽-아래로 숙인다.

　　　　Two-And: 얼굴을 든다. 시선은 바 바깥쪽을 바라본다.

움직임은 2마디로 실행한다.

1마디: One-And: 서 있는 다리가 Demi-Plié로 앉으면서, 오른 다리를 앞-위로 크게 찬다. 움직이는 다리는 포인트 상태이고, 무릎을 쭉 편 상태이다.

Two-And: 서 있는 다리의 무릎을 펴면서, 오른 다리의 발끝을 앞쪽에 바닥으로 내려놓는다.

2마디: One-And: 앞쪽 5번 포지션으로 가져온다.

Two-And: 멈춘다.

위의 동작을 오른쪽, 뒤쪽, 오른쪽으로 실행한다. 2박 화음을 추가하여 One에 얼굴을 오른쪽-아래로 숙이면서, 오른팔을 내려놓는다. 그리고 Two에 고개를 들어 올리고 시선을 바의 바깥쪽으로 향하게 한다. 포즈 후에 돌아서 반대쪽 다리를 실행한다. 〈그랑 밧드망〉 동작을 할 때, 팔은 손바닥이 위로 향한 2번 포지션을 한다. 익숙해지면 준비 동작을 4분의 1박으로 하고, 1마디로 동작을 실행해도 된다. 두 움직임을 1마디 안에 하는 것이다.

종류 2.

움직이는 다리를 플랙스 한 상태로 실행하는 것이다. '종류 1'과 진행 방법이 똑같다. 하지만 움직이는 다리를 플랙스 상태로 발을 크고 강하게 차는 것이다.

■ 서 있는 다리를 Demi-Plie로 앉고, 움직이는 다리의 발뒤꿈치를 앞쪽에 놓으면서 동작하기

준비 동작: 오른 다리를 앞으로 놓고 열린 5번 포지션으로 서 있다. 오른 다리가 앞에 있다.
왼손은 바를 잡고, 오른손을 편안하게 아래로 내려놓는다.

박자: 4분의 2박자

움직임은 2마디로 실행한다.

1마디: One-And: 오른 다리를 앞-위로 크게 찬다. 움직이는 다리는 포인트 상태이고, 무릎을 쭉 편 상태이다.

Two-And: 서 있는 다리가 Demi-Plié로 앉으면서, 오른 다리를 플랙스 하여 발뒤꿈치를 앞에 내려놓는다.

2마디: One-And: 서 있는 다리의 무릎을 펴면서, 오른 다리를 앞-위로 크게 찬다.

Two-And: 앞쪽 5번 포지션으로 가져온다.

위의 움직임을 오른쪽, 뒤쪽, 오른쪽으로 실행한다. 2박 화음에 팔을 아래로 내려놓는다. 잠시 후에 돌아서 반대쪽 다리를 실행한다. 익숙해지면 준비 동작을 4분의 1박자로 실행하고, 움직임을 1마디로 실행한다. 움직이는 다리를 크게 차는 순간에 서 있는 다리를 up한 상태로 들어 올려도 된다.

큰 〈스크보즈니예сквозные〉 동작하기

▰ 기본

준비 동작: Demi-Plié에서 〈그랑 밧드망〉 동작과 같다.

박자: 4분의 2박자

움직임은 2마디로 실행한다.

1마디: One-And: 오른 다리를 앞-위로 크게 찬다.

Two-And: 오른 다리를 열린 1번 포지션을 지나 뒤-위로 크게 찬다.

2마디: One-And: 오른 다리를 열린 1번 포지션을 지나 앞-위로 크게 찬다.

Two-And: 앞쪽 5번 포지션으로 가져온다.

4회 반복한다. 2박 화음에 팔을 아래로 편안하게 내려놓는다. 잠시 후에 반대쪽 다리로 실행한다. 〈스크보즈니예〉 동작은 뒤에서부터 시작해도 된다. 이 동작은 추가로 왔다 갔다 하듯이 실행한다. 익숙해지면 준비 동작을 1마디, 움직임도 1마디로 실행한다.

▰ Demi-Plie에서 동작하기

준비 동작: Demi-Plié에서 〈그랑 밧드망〉 동작과 같다.

박자: 4분의 2박자

움직임은 2마디로 실행한다.

1마디: One: 서 있는 다리를 Demi-Plié로 앉으면서, 오른 다리를 앞-위로 크게 찬다.
And: 서 있는 다리의 무릎을 펴면서, 오른 다리를 열린1번 포지션으로 가져온다.
Two: 서 있는 다리를 Demi-Plié로 앉으면서, 오른 다리를 열린1번 포지션을 지나 뒤-위로 크게 찬다.
And: 서 있는 다리의 무릎을 펴면서, 오른 다리를 열린1번 포지션으로 가져온다.
2마디: One-And: 서 있는 다리를 Demi-Plié로 앉으면서, 오른 다리를 앞-위로 크게 찬다.
Two-And: 두 다리의 무릎을 펴면서, 앞쪽 5번 포지션으로 가져온다.

움직이는 다리로 무게 중심을 이동시키고 상체를 숙이면서 〈그랑 밧드망〉 동작하기

◣ 기본

준비 동작: Demi-Plié에서 〈그랑 밧드망〉 동작과 같다.
박자: 4분의 2박자
움직임은 4마디로 실행한다.

1마디: One-And: 오른 다리를 앞-위로 크게 찬다.

　　　Two-And: 오른 다리의 무릎을 구부려 앞쪽에 5번으로 가져온다. 왼 다리도 무릎을 구부리고 오른 다리 뒤쪽에 포인트 상태로 발뒤꿈치를 가져온다. 상체와 얼굴은 오른쪽으로 숙인다.

2마디: One-And: 왼 다리로 서면서, 오른 다리를 오른쪽-위로 크게 찬다. 서 있는 다리의 무릎은 쭉 펴져 있고, 상체와 얼굴은 정면을 바라본다.

　　　Two-And: 오른 다리의 무릎을 구부려 뒤쪽에 5번으로 가져온다. 왼 다리도 무릎을 구부리고 오른 다리의 발목 앞쪽에 포인트 상태로 가져온다. 상체와 얼굴은 왼쪽으로 숙인다. 두 다리는 턴-아웃 상태이다.

3마디: One-And: 왼 다리로 서면서, 오른 다리를 뒤쪽-위로 크게 찬다. 서 있는 다리의 무릎은 쭉 펴져 있고, 상체와 얼굴은 오른쪽을 바라본다.

　　　Two-And: 오른 다리의 무릎을 구부려 뒤쪽에 5번으로 가져온다. 왼 다리도 무릎을 구부리고 오른 다리의 발목 앞쪽에 포인트 상태로 가져온다. 상체를 뒤쪽으로 숙인다. 두 다리는 턴-아웃 상태이다.

4마디: One-And: 왼 다리로 서면서, 오른 다리를 오른쪽-위로 크게 찬다. 서 있는 다리의 무릎은 쭉 펴져 있고, 상체와 얼굴은 정면을 바라본다.

　　　Two-And: 오른 다리의 무릎을 구부려 앞쪽에 5번으로 가져온다. 왼 다리도 무릎을 구부리고 오른 다리의 뒤쪽에 포인트 상태로 발뒤꿈치를 가져온다. 상체와 얼굴은 오른쪽으로 숙인다. 두 무릎은 턴-아웃 상태이다.

위의 움직임을 한 번 더 반복한다. 2박 화음에 두 무릎을 쭉 펴고 처음 포지션으로 돌아가 팔을 편안하게 아래로 내려놓는다. 잠시 후에 돌아서 반대쪽 다리를 실행한다. 움직임이 익숙해 진 후에도 준비 박자는 4마디로 실행한다.

◤ 상체를 숙이고 up으로 바닥 치기

이전 동작과 실행 방법은 같다. 하지만, 왼 다리를 up한 상태로 바닥을 치고 바로 살짝 들어 올리는 동작이 추가되는 것이다.

예를 들면,

> One-And: 오른 다리를 앞-위로 크게 찬다.
>
> Two: 오른 다리의 무릎을 구부려 앞쪽 5번으로 가져온다. 왼 다리도 무릎을 구부리고 오른 다리의 뒤쪽에 포인트 상태로 발뒤꿈치를 가져온다. 상체와 얼굴은 오른쪽으로 숙인다.
>
> And: 왼 다리를 up한 상태로 오른 다리 뒤에서 바닥을 치고 바로 원래대로 가져온다.

◤ 움직이는 다리로 원을 그리고, 그 다리로 이동하기

준비 동작: 열린 5번 포지션으로 선다. 오른 다리가 앞쪽에 있다. 왼손으로 바를 잡고, 오른손은 편안하게 있다.

박자: 4분의 2박자

전주: 4마디

1-2마디: 음악을 듣는다.

3마디: One: 오른팔을 1번 포지션으로 가져온다.

> And: 멈춘다.
>
> Two: 손바닥이 위로 향한 2번 포지션으로 이동한다.
>
> And: 멈춘다.

4마디: One: 오른팔을 다시 1번 포지션으로 가져온다.

> And: 멈춘다.
>
> Two: 오른손을 허리에 얹는다. 오른 다리를 Demi-Plié로 앉고. 왼 다리는 무릎을 구부려 포인트 한 상태로, 서 있는 다리의 뒤쪽에 위치한다. 두 다리는 턴-아웃 상태이다.
>
> And: 멈춘다.

움직임은 2마디로 실행한다.

1마디: One-And: 왼 다리가 서면서, 오른 다리를 앞-위로 크게 차고 그 다리로 반원을 그리며 뒤로 이동한다. 오른팔은 앞쪽-오른쪽-위로 이동한다. 상체와 얼굴은 오른쪽에 손을 따라간다. 시선은 손바닥을 바라본다.

Two-And: 오른 다리를 Demi-Plié로 앞으면서, 뒤쪽에 5번 포지션으로 가져온다. 왼 다리는 포인트 한 상태로 오른 다리 앞에 있다. 두 무릎은 턴-아웃 상태이다. 상체와 얼굴은 왼쪽으로 숙인다. 팔은 구부려 손바닥을 뒤통수 쪽으로 가져온다.

2마디: One-And: 왼 다리로 서면서, 오른 다리를 뒤-위로 크게 차고 그 다리로 반원을 그리며 앞으로 이동한다. 상체는 원래대로 돌아오고 팔은 3번 포지션으로 들어 올린다.

Two-And: 오른 다리를 Demi-Plié로 앞으면서, 앞쪽에 5번 포지션으로 가져온다. 무릎이 구부러진 왼 다리는 포인트 한 상태로 오른 다리의 뒤쪽에 있다. 두 무릎은 턴-아웃 상태이다. 상체와 얼굴은 오른쪽으로 숙인다. 팔은 1번 포지션을 지나 손을 허리에 얹는다.

위의 움직임을 한 번 더 반복한다. 2박 화음에 두 다리 무릎을 펴고 팔을 편안하게 내려놓는다. 잠시 후에 돌아서 반대쪽 다리를 실행한다.

■ 움직이는 다리로 원을 그리고, 반대 다리를 up한 상태로 바닥 치기

이전 동작과 하는 방법은 똑같다. 왼 다리가 up한 상태로 바닥을 치고 바로 올라오는 동작을 추가한 것이다.

■ 다리로 원을 그리고, 점프하기

준비 동작: 열린5번 포지션으로 선다. 오른 다리가 앞쪽에 있다. 왼손으로 바를 잡고, 오른손은 편안하게 있다.
박자: 4분의 2박자

움직임은 2마디로 실행한다.
1마디: One: 왼 다리가 서면서, 오른 다리를 앞-위로 크게 차기 시작한다. 상체는 정면이다.
And: 왼 다리로 살짝 앉았다가 위로 점프한다. 동시에 오른 다리는 반원을 그리고 뒤로 이동한다. 오른팔은 앞쪽-오른쪽-위로 이동한다. 상체와 얼굴은 오른쪽에 손을 따라 간다. 시선은 손바닥을 바라본다.

Two: 오른 다리를 Demi-Plié로 앉으면서, 뒤쪽에 5번 포지션으로 가져온다. 왼 다리는 포인트 한 상태로 오른 다리 앞에 있다. 두 무릎은 턴-아웃 상태이다. 상체와 얼굴은 왼쪽으로 숙인다. 팔은 구부려 손바닥을 뒤통수 쪽으로 가져온다.

And: 멈춘다.

2마디: One: 왼 다리로 서면서, 오른 다리를 뒤-위로 크게 차기 시작한다. 그 다리로 반원을 그리며 앞으로 이동한다. 상체는 원래대로 돌아온다.

And: 왼 다리로 살짝 앉았다가 위로 점프한다. 동시에 오른 다리는 반원을 그리고 앞으로 이동한다. 오른팔은 3번 포지션으로 들어 올린다.

Two: 오른 다리를 Demi-Plié로 앉으면서, 앞쪽에 5번 포지션으로 가져온다. 무릎이 구부러진 왼 다리는 포인트 한 상태로 오른 다리의 뒤쪽에 있다. 두 무릎은 턴-아웃 상태이다.

상체와 얼굴은 오른쪽으로 숙인다. 팔은 1번 포지션을 지나 손을 허리에 얹는다.

And: 멈춘다.

위의 움직임을 한 번 더 반복한다. 2박 화음에 두 다리의 무릎을 펴고 팔을 편안하게 내려놓는다. 잠시 후에 돌아서 반대쪽 다리를 실행한다.

■ 다리로 원을 그리고, 점프하기 그리고 서 있는 다리를 up 한 상태로 바닥 치기

위의 동작과 하는 방법은 똑같다. 왼 다리가 up한 상태로 바닥을 치고 바로 올라오는 동작을 추가한 것이다.

〈그랑 밧드망〉 동작과 무릎을 바닥으로 내려놓는 동작을 함께 사용하기

종류 1.

준비 동작: 열린1번 포지션으로 선다. 오른 다리가 앞쪽에 있다. 왼손으로 바를 잡고, 오른손은 편안하게 있다.

박자: 4분의 2박자

전주: 2마디

1마디: 음악을 듣는다.

2마디: One: 오른팔을 1번 포지션으로 가져온다.

And: 멈춘다.

Two: 손바닥이 위로 향한 2번 포지션으로 연다. 오른 다리는 뒤쪽으로 발끝을 가져간다. 얼굴은 오른쪽으로 돌린다.

And: 멈춘다.

움직임은 2마디로 실행한다.

1마디: One-And: 상체와 얼굴을 왼쪽으로 돌리면서, 오른 다리의 무릎을 바닥에 내려놓는다. 상체와 얼굴을 앞쪽—아래로 숙인다. 오른 다리의 무릎을 서 있는 다리의 발바닥 중간까지 가져온다. 움직이는 다리의 발등을 바닥 쪽으로 가게 하여 편안하게 내려놓는다. 팔은 1번 포지션을 지나 손을 허리에 얹는다.

Two-And: 상체와 얼굴이 처음처럼 다시 돌아오면서, 오른 다리의 발끝을 뒤쪽으로 보낸다. 서 있는 다리의 무릎이 쭉 펴져 있다. 오른팔을 손바닥이 위로 향한 2번 포지션으로 연다.

2마디: One-And: 오른 다리가 열린 1번 포지션을 지나 앞—위로 〈그랑 밧드망〉 동작을 한다.

Two-And: 오른 다리가 열린 1번 포지션을 지나 발끝을 뒤로 가져간다.

위의 동작을 4회 반복한다. 2박 화음에 다리를 열린 1번 포지션으로 닫는다. 팔은 아래로 내려놓는다. 잠시 후에 반대쪽 다리를 실행한다.

종류 2.

〈그랑 밧드망〉 동작을 점프 하면서 방향을 바꾸기 그리고 무릎을 내려놓기

준비 동작: 열린 1번 포지션으로 선다. 오른 다리가 앞쪽에 있다. 왼손으로 바를 잡고, 오른손은 편안하게 있다.

박자: 4분의 2박자

전주: 2마디

1마디: 음악을 듣는다.

2마디: One: 오른팔을 1번 포지션으로 가져온다.

And: 멈춘다.

Two: 손바닥이 위로 향한 2번 포지션으로 연다. 얼굴은 오른쪽으로 돌린다.

And: 멈춘다.

움직임은 2마디로 실행한다.

준비: And: 왼 다리를 높지 않게 앞으로 든다.

1마디: One: 왼 다리를 구부려 발로 딛는다. 얼굴은 정면을 바라본다.

And: 오른 다리가 앞-위로 〈그랑 밧드망〉 동작을 한다.

Two-And: 왼쪽으로 반 바퀴를 돌아 오른 다리의 무릎을 바닥에 내려놓는다. 상체와 얼굴은 앞쪽-아래를 향한다. 오른손으로 바를 잡는다. 왼쪽 손을 허리에 얹는다.

2마디: One-And: 상체를 펴고 왼 다리의 발끝을 앞으로 보내면서 오른 다리를 일어선다. 두 다리의 무릎을 쭉 편다. 왼팔을 1번 포지션을 거쳐 손바닥이 위로 향한 2번 포지션으로 연다. 얼굴을 왼쪽으로 돌린다.

Two: 왼 다리를 열린 1번 포지션으로 가져온다.

'종류 1'럼 실행한다.

〈라스좌지코이〉와 함께
〈다리를 크게 차기: 그랑 밧드망〉 동작을 실행하기

준비 동작: 열린1번 포지션으로 선다. 오른 다리가 앞쪽에 있다. 왼손으로 바를 잡고, 오른손은 편안하게 있다.

박자: 4분의 2박자

움직임을 4마디로 실행한다.

1마디: One-And: 오른 다리가 앞-위로 〈그랑 밧드망〉 동작을 한다.

　　　Two-And: 오른 다리를 열린1번 포지션을 지나 발끝 즉 엄지발가락을 미끄러지듯이 뒤쪽으로 이동시킨다. 이때 서 있는 다리를 Demi-Plié 상태로 앉는다. 무게 중심은 서 있는 다리 쪽에 있다.

2마디: One-And: Demi-Plié 상태에서 일어나면서, 오른 다리를 뒤쪽 5번 포지션으로 닫는다. 두 무릎은 펴져 있다.

　　　Two-And: 멈춘다.

3마디: One-And: 오른 다리가 뒤-위로 〈그랑 밧드망〉 동작을 한다.

　　　Two-And: 오른 다리를 열린1번 포지션을 지나 발을 미끄러지듯이 앞쪽으로 이동시킨다. 이때 서 있는 다리를 Demi-Plié 상태로 앉는다. 무게 중심은 서 있는 다리 쪽에 있다.

4마디: One-And: Demi-Plié 상태에서 일어나면서, 오른 다리를 앞쪽 5번 포지션으로 닫는다. 두 무릎은 펴져 있다.

　　　Two-And: 멈춘다.

위의 움직임을 다시 한 번 반복한다. 2박 화음에 손을 편안하게 내려놓는다. 잠시 후에 반대쪽 다리를 실행한다. 익숙해지면, 준비 박자에 〈그랑 밧드망〉 동작을 실행해도 되고, 다리를 크게 차는 순간에 서 있는 다리를 up한 상태로 진행하는 것이 가능하다.

COMBINATION

Part 1. 플리에Plié : Demi-Plie

《콤비네이션 1》

준비 동작: 열린 1번 포지션으로 서 있다. 왼쪽 손은 바를 잡고 오른쪽 손은 편안하게 아래로 내려 놓는다.

박자: 러시아 전통 음악/ 4분의 3박자

준비 동작 1: 처음 움직임 훈련은 8마디로 한다.

1마디: 오른팔을 1번 포지션으로 이동시킨다.

2마디: 멈춘다.

3마디: 손바닥으로 향하게 하고 팔 동작 2번 포지션으로 이동한다.

4마디: 멈춘다.

5마디: 손바닥을 안쪽으로 향하게 하여 팔을 1번 포지션으로 가지고 온다.

6마디: 멈춘다.

7마디: 손을 허리에 놓는다. 시선은 손을 따라간다. 얼굴은 약간 오른쪽 아래를 향하게 한다.

8마디: 얼굴을 오른쪽으로 든다.

(후에 준비 동작은 4마디로 한다.)

준비 동작 2: 두 번째 16마디 안에 콤비네이션

1-4마디: 턴-아웃 상태의 Demi-Plié로 천천히 내려간다. 몸통은 평평하게, 시선은 정면을 향하게 한다.

5-8마디: 무릎을 펴면서 일어난다.

9-10마디: Demi-Plié로 내려간다.

11-12마디: 무릎을 펴면서 일어난다.

13마디: 발끝을 오른쪽으로 보내며 오른 다리를 편다. 무게 중심을 왼쪽으로 보낸다.

14마디: 멈춘다.

15마디: 오른 다리의 발뒤꿈치를 바닥으로 내려놓는다. 몸의 중심을 두 다리의 중간에 둔다.

16마디: 멈춘다.

턴-아웃 상태에서 2번 포지션과 5번 포지션에서 동작을 수행할 때 마무리는 1번 포지션으로 한다. 마지막 2박자 화음에서 1박에 팔을 아래로 내려놓고 얼굴을 살짝 오른쪽 아래로 향하게 한다. 그리고 2박자에 오른쪽으로 향한 얼굴을 든다.

〈〈콤비네이션 2〉〉

준비 동작: 열린1번 포지션으로 서 있다. 왼쪽 손은 바를 잡고 오른쪽 손은 편안하게 아래로 내려놓는다.

박자: 러시아 전통 음악으로 4분의 3박자

준비 동작 1: 처음 움직임 훈련은 8마디로 한다.

1-4마디: 시작 음악을 듣는다.

5마디: 오른팔을 1번 포지션으로 든다.

6마디: 멈춘다.

7마디: 손바닥을 위로 한 2번 포지션으로 팔을 펼친다.

8마디: 멈춘다.

준비 동작 2: 두 번째 16마디 안에 콤비네이션

1-2마디: 턴-아웃 상태의 Demi-Plié로 천천히 내려간다. 몸통은 평평하게, 시선은 정면을 향하게 한다. 팔은 1번 포지션으로 한다.

3-4마디: 무릎을 펴면서 일어나고 손을 허리에 얹는다.

5-8마디: 위의 동작을 반복한다. 손은 허리에 유지한다.

9마디: 두 다리를 정면1번 포지션으로 모은다.

10마디: 멈춘다.

11마디: 발뒤꿈치를 바깥쪽으로 향하게 했다가 다시 모은다.

12마디: 멈춘다.

13마디: 발뒤꿈치를 바깥으로 향하게 했다가 열린2번 포지션으로 바꾼다.

14마디: 멈춘다.

15마디: 팔을 1번 포지션으로 이동한다.

16마디: 팔을 2번 포지션으로 펼친다.

2번 포지션에서 3번 포지션으로 하는 방법은 다음과 같다.
턴-아웃한 상태의 2번 포지션을 정면2번 포지션으로 바꾼 후에 열린 상태의 3번 포지션으로 오른 다리가 앞으로 놓인 포즈를 한다. 혹은 턴-아웃한 상태의 3번 포지션에서 정면2번 포지션을 보여 준 후 열린 상태의 3번 포지션으로 왼 다리가 앞으로 높이게 포즈를 취한다.
마지막 2화음은 다음과 같이 움직인다.

One-팔을 아래로 내려놓는다. 약간 고개를 오른쪽으로 숙인다.
Two-얼굴을 든다. 시선은 오른쪽 중앙을 바라본다.

《《콤비네이션 3》》

준비 동작: 열린 5번 포지션으로 오른 다리를 앞에 놓고 서 있다. 왼쪽 손은 바를 잡고 오른쪽 손은 편안하게 아래로 내려놓는다.
박자: 러시아 전통 음악으로 4분의 2박자

준비 동작: 움직임 훈련은 2마디로 한다.
1마디: 시작 음악을 듣는다.
2마디: One-and: 오른팔을 1번 포지션으로 실행한다.
      Two: 손바닥이 위로 향한 2번 포지션으로 팔을 펼친다.

움직임은 16마디로 진행된다.
      And: 오른 다리의 발바닥을 오른쪽으로 보내면서 무릎을 구부린다.
      팔을 1번 포지션으로 이동시킨다. 몸통을 왼쪽으로, 고개는 오른쪽, 시선은 움직이는 다리의 발뒤꿈치를 본다.
1마디: One: 움직이는 다리의 발뒤꿈치를 든다. 손을 허리로 가져온다.
      And: 오른 다리를 턴-아웃 상태로 돌리면서 높지 않게 오른쪽 방향으로 든다.
      무릎은 쭉 펴고, 발끝은 포인트 한 상태이다.
      Two: 서 있는 다리가 살짝 앉으면서 오른 다리를 서 있는 다리의 발뒤꿈치 쪽으로 약간 가져온다.
      시선은 발끝을 보고 움직이는 다리는 포인트 한 상태이다.

And: 서 있는 다리의 무릎을 펴면서 움직이는 다리를 바닥에서 높지 않게 든다.

2마디: One-And: 오른 다리를 앞쪽으로 5번 포지션으로 가져오면서 두 다리를 Demi-Plié로 앉는다. 팔은 1번 포지션으로 이동한다.

Two-And: Demi-Plié에서 일어나면서 팔을 2번 포지션으로 이동시킨다.

3마디: 손을 아래로 내려놓으면서 Grand-Plié로 앉는다.

4마디: One-And-Two: 두 다리를 펴면서 팔은 1번 포지션을 지나 2번 포지션으로 이동시킨다.

And: 두 다리를 up 상태로 만들면서 약간 오른쪽으로 돌린다.

5마디: One-and: 서 있는 다리를 Demi-Plié로 앉으면서 움직이는 다리의 발끝을 앞쪽에서 옆쪽으로 미끄러지듯이 이동시킨다. 이때 상체를 뒤로 젖힌다. 팔은 오른쪽으로 고개는 왼쪽으로 돌린다.

Two-And: 무릎을 펴고 up 상태로 발뒤꿈치를 든다. 상체와 시선은 처음 상태로 돌아온다.

6마디: One-And: 서 있는 다리를 Demi-Plié로 앉으면서 움직이는 다리의 발끝을 뒤쪽에서 옆쪽으로 미끄러지듯이 이동시킨다. 이때 상체를 앞으로 숙인다.

팔은 서 있는 다리를 Demi-Plié로 앉으면서 움직이는 다리의 발끝을 뒤쪽에서 옆쪽으로 미끄러지듯이 이동시킨다. 이때 상체를 앞으로 숙인다. 팔은 1번 포지션에서 허리로 가져온다. 얼굴은 오른쪽 방향이다.

Two-And: 무릎을 펴고 up 상태로 발뒤꿈치를 든다. 상체와 시선은 처음 상태로 돌아온다.

7마디: One: 두 다리를 Demi-Plié 상태로 앉는다.

And: 오른 다리의 발끝을 미끄러지듯이 앞으로 보낸다. 무릎은 펴고 발끝은 포인트 한 상태이다. 팔은 1번 포지션으로 이동시킨다.

Two: 오른 다리는 반원을 그리면서 뒤로 이동한다. 팔을 2번 포지션으로 이동시킨다.

And: 두 다리의 무릎을 펴면서 up 상태로, 뒤쪽에서 5번 포지션 자세를 취한다.

8마디: One: 두 다리로 Demi-Plié 동작을 한다.

And: 오른 다리의 발끝을 미끄러지듯이 뒤쪽으로 보낸다. 무릎은 펴고 발끝은 포인트 한 상태이다.

Two: 오른 다리는 반원을 그리면서 앞으로 이동한다. 팔을 1번 포지션으로 이동시킨다.

And: 두 다리의 무릎을 펴고 up 상태로, 앞쪽 5번 포지션 자세를 취한다.

9마디: One: 서 있는 다리의 발뒤꿈치를 바닥으로 내려놓는다. 서 있는 다리의 무릎을 구부리면서 오른 다리의 무릎을 턴-인 상태로 구부린다. 움직이는 다리의 무릎을 서 있는 다리 쪽으로 가져온다. 발바닥은 오른쪽을 보이게 하고, 얼굴은 오른쪽, 시선은 서 있는 다리의 발뒤꿈치를 본다.

And: 움직이는 다리를 up 상태로 한 후 턴-아웃하고, 서 있는 발의 중간에 놓는다. 몸통은 처음 위치로 돌아간다.

Two: 두 다리의 무릎을 펴면서 오른 다리를 앞으로 보낸다.

무게 중심을 서 있는 다리 쪽으로 이동시킨다.

And: 오른 다리를 열린1번 포지션으로 이동시킨다.

10마디: One-And: 팔을 1번 포지션으로 이동시키면서 Demi-Plié 동작을 한다.

Two-And: 팔을 2번 포지션으로 이동시키면서 두 다리의 무릎을 쭉 편다.

11마디: One-And-Two-And: 상체를 오른쪽으로 숙이고 팔을 천천히 내리면서 Grand-Plié 동작을 한다. 고개는 오른쪽에서 아래쪽으로 살짝 숙인다.

12마디: One-And-Two: 다리는 Demi-Plié에서 천천히 무릎을 펴고, 몸통은 왼쪽으로 기울어져 있으며, 팔은 왼쪽에서 위로 3번 포지션을 지나 2번 포지션으로 크게 원을 그린다. 고개는 왼쪽에서 위쪽을 지나 오른쪽으로 향한다.

And: 오른 다리를 포인트 한 상태로 무릎을 쭉 펴고 오른쪽 옆으로 보낸다.

13마디: 11마디를 반복한다.

14마디: One-And-Two: 12마디를 반복한다.

And: 서 있는 다리를 up 상태로 만들고 움직이는 다리를 높지 않게 살짝 오른쪽으로 보낸다.

15마디: One: 오른발을 열린5번 앞쪽으로 무게 중심을 이동시킨다. 왼발은 오른 다리의 발목보다 조금 높은 위치로 가져온다.

And: 오른 다리 뒤에서 왼쪽 발바닥으로 살짝 무릎을 구부려 바닥을 친 후 일어난다.

Two: 왼 다리로 무게 중심을 이동시키면서 살짝 앉는다. 이때, 오른 다리는 무릎을 펴고 플랙스 한 상태로, 앞에서 오른쪽 옆으로 이동한다.

And: 움직이는 다리를 포인트 한다. 이때, 팔은 1번을 거쳐 2번으로 이동시킨다. 고개는 오른쪽 방향이다.

16마디: One-And: 움직이는 다리를 앞쪽 5번 포지션으로 가져온다.

Two-And: 바 쪽으로 돌고, 반대쪽 방향을 준비한다.

〈〈콤비네이션 4〉〉

준비 동작: 열린1번 포지션으로 서 있는다.

박자: 폴란드 음악으로 4분의 3박자

준비 동작: 움직임 훈련은 4마디로 한다.

1-2마디: 시작 음악을 듣는다.

3마디: 오른팔을 1번 포지션으로 실행한다.

4마디: 손바닥을 위로 향하게 하여 2번 포지션으로 이동한다.

움직임은 16마디로 실행한다.

1마디: One: 정면 1번 포지션으로 Demi-Plié 한다. 팔은 1번 포지션을 지나 허리에 얹는다.

　　　Two-Three: 멈춘다.

2마디: One: 두 다리의 무릎을 편다.

　　　Two-Three: 멈춘다.

3-4마디: 위의 동작을 반복한다.

5마디: One: 두 다리를 up 상태로 한다.

　　　Two: 멈춘다.

　　　Three: up 상태에서 Demi-Plié 한다.

6마디: One: 두 다리의 무릎을 편다.

　　　Two-Three: 멈춘다.

7마디: One-Two-Three: 팔을 1번 포지션으로 이동시키면서 발뒤꿈치를 내리고 Demi-Plié로 앉는다.

8마디: One-Two: 팔을 2번 포지션으로 이동시킨다.

　　　Three: 다리를 열린 I 번 포지션으로 이동시킨다.

9-10마디: 열린1번 포지션에서 Grand-Plié로 앉으면서 오른팔을 아래쪽으로 내린다.

11-12마디: Demi-Plié를 거쳐 무릎을 쭉 편다. 이때 팔은 1번 포지션을 거쳐 2번 포지션으로 이동시킨다.

13-14마디: 다리는 열린1번 포지션에서 Grand-Plié로 앉으면서 팔은 3번 포지션을 취한다.

15마디: 두 다리를 쭉 편다. 팔은 1번 포지션으로 돌아온다.

16마디: One: 오른 다리를 오른쪽 방향으로 이동시키고 이때 팔을 2번 포지션으로 이동시킨다.

Two: 발을 2번 포지션으로 이동시킨다.

Three: 멈춘다.

정면2번 포지션에서 열린2번 포지션으로, 정면3번 포지션에서 열린3번 포지션으로 훈련하도록 한다.

Part 2. 밧뜨망 턴듀 Battement Tendu : 발바닥 움직임 개발 훈련

《〈콤비네이션 1〉》

준비 동작: 오른 다리를 앞으로 놓고 열린5번 포지션으로 서 있다. 벨라루스 춤을 실행한다.
박자: 러시아 전통 음악으로 4분의 2박자

준비 동작: 4마디
1-2마디: 음악을 듣는다.
3-4마디: 팔 준비 동작을 거쳐 손을 허리에 놓는다.

-16마디의 콤비네이션-

1마디: One-And: 오른 다리의 발끝을 앞으로 편다.
  Two-And: 플랙스를 한다.
2마디: One-And: 오른 다리의 발끝을 다시 앞으로 편다.
  Two-And: 오른 다리를 5번 포지션으로 돌아온다. 서 있는 다리의 발뒤꿈치를 든다.
3마디: One-And: 오른 다리의 발끝을 다시 앞으로 편다. 서 있는 다리의 발뒤꿈치를 바닥으로 내려놓는다.
  Two-And: 오른 다리를 5번 포지션으로 돌아온다. 서 있는 다리의 발뒤꿈치를 든다.
4마디: One-And: 오른 다리의 발끝을 다시 앞으로 편다. 서 있는 다리의 발뒤꿈치를 바닥으로 내려놓는다.
  Two-And: 오른 다리를 뒤쪽에 5번 포지션으로 돌아온다. 서 있는 다리의 발뒤꿈치를 든다.

5-8마디: 위의 1-4마디에서 행했던 동작을 반대로 반복한다.

9마디: One-And: 오른 다리의 발끝을 앞으로 편다. 오른팔은 1번 포지션으로 취한다.
 Two-And: 왼 다리를 앉으면서 오른 다리는 오른쪽 옆으로 플랙스 동작을 취한다. 팔은 2번 포지션으로 손바닥을 위로 향하게 한다.

10마디: One-And: 오른 다리의 발끝을 앞으로 편다. 서 있는 다리의 무릎을 쭉 편다. 오른팔은 1번 포지션으로 돌아온다.
 Two-And: 오른 다리를 뒤쪽 5번 포지션으로 돌아온다. 손은 허리에 얹는다.

11-12마디: 9-10마디에서 행했던 동작을 반대로 반복한다.

13마디: One-And: 오른 다리의 발끝을 앞으로 편다. 오른팔은 1번 포지션으로 돌아온다.
 Two-And: 왼 다리를 앉으면서 오른 다리는 오른쪽 옆으로 플랙스 동작을 취한다. 팔은 2번 포지션으로 손바닥을 위로 향하게 한다.

14마디: One-And: 오른 다리의 발끝을 뒤로 편다. 서 있는 다리의 무릎을 편다.
 Two-And: 플랙스를 한다. 서 있는 다리는 앉는다.

15마디: One-And: 서 있는 다리의 무릎을 쭉 편다. 오른 다리의 발끝을 편다.
 Two-And: 플랙스를 한다. 서 있는 다리는 앉는다.

16마디: One-And: 오른 다리의 발끝을 편다. 서 있는 다리의 무릎은 편다. 오른팔은 1번 포지션으로 돌아온다.
 Two-And: 오른 다리를 뒤쪽 5번 포지션으로 돌아온다. 손은 허리에 얹는다.

위와 같은 동작을 반대로 실행한다. 마지막 2박에 팔을 편안하게 아래로 내려놓는다. 잠시 멈춘 후, 모든 동작을 반대쪽 다리에서 실행한다.

《〈콤비네이션 2〉》

준비 동작: 정면1번 포지션으로 서 있다. 그루진 춤을 실행한다.
박자: 8분의 6박자

준비 동작: 4마디
1-2마디: 음악을 듣는다.
3마디: One: 오른팔을 오른쪽으로 방향으로 든다. 손목을 약간 높게, 어깨 높이로 든다. 손은 주먹을 쥔 상태로 밑쪽으로 떨어뜨린다.

Two: 멈춘다.

4마디: One: 팔을 아래로 내리고 바로 허리 앞쪽까지 들어 올린다.[16)]

Two: 멈춘다.

―16마디의 콤비네이션―

1마디: One: 오른 다리를 미끄러지듯이 앞으로 나가 발끝을 쭉 뻗는다. 무릎과 발등을 편다.

Two: 플랙스를 한다.

2마디: One: 발끝과 발등을 쭉 편다.

Two: 나가 있는 오른 다리가 미끄러지듯이 원래대로 돌아와 정면1번 포지션(6번 포지션)을 취한다.

3-4마디: 1-2마디의 동작을 왼 다리로 실행한다. 단, 네 번째 마디에서 왼 다리가 첫 번째 준비 동작과 같이 들어올 때, 오른 다리는 미끄러지듯이 오른쪽 앞쪽으로 무릎을 펴고 이동한다.

5마디: 가스마 гасма[17)] 동작을 한다.

One: 준비 동작으로 오른 다리가 미끄러지듯이 들어오고 왼 다리는 미끄러지듯이 무릎을 펴고 앞쪽으로 이동한다. 바로 왼 다리가 첫 번째 준비 동작과 같이 들어올 때, 오른 다리는 미끄러지듯이 앞쪽으로 무릎을 펴고 이동한다.

Two: 오른 다리가 미끄러지듯이 준비 동작으로 들어오고 왼 다리는 미끄러지듯이 앞쪽으로 무릎을 펴고 이동한다.

참고

움직임 〈가스마〉를 실행할 때, 무릎에 과도한 힘을 주지 않고 편안하게 해야 한다. 몸통이 평평하게 변화되지 않게 유지한 채, 발바닥을 미끄러지듯이 바닥으로 밀어야 한다.

6마디: 5마디(가스마)를 반대쪽 다리에 실행한다.

7-8마디: 5-6마디에 행했던 움직임을 반복한다.

9마디: One: 오른 다리를 미끄러지듯이 왼쪽 발바닥 중앙까지 이동시켜 를르베 상태로, 두 다리의 발뒤꿈치를 오른쪽으로, 무릎을 왼쪽으로, 몸의 중심은 왼 다리에, 얼굴은 왼쪽으로 돌린다.

16) 〈루코야트키 킨좔라: рукояткикинжала〉라고 하여 단검을 꽂는 위치를 말한다.

17) 그루진 민속춤

Two: 오른 다리를 미끄러지듯이 앞으로 나가 오른 다리의 발끝을 쭉 편다. 두 다리의 무릎을 붙이고 준비 동작으로 한 바퀴 돈다. 오른팔은 오른쪽으로 펼쳐져 있다. 오른팔을 오른쪽으로 방향으로 든다. 손목을 약간 높게, 어깨 높이로 든다. 손은 주먹을 쥔 상태로 밑으로 떨어뜨린다. 얼굴은 정면을 바라본다.

10마디: 5마디(가스마)를 반복한다.

11마디: 9마디의 움직임을 반대쪽 다리로 행한다.

참고
동시에 팔의 움직임을 포함한다.

One: 오른쪽 팔꿈치와 손목을 구부린다. 살짝 주먹을 쥔 상태로 오른쪽 가슴 옆으로 놓는다. 얼굴을 오른쪽으로 돌린다.

Two: 오른쪽 팔꿈치를 오른쪽으로 쭉 편다. 얼굴은 정면을 바라본다.

12마디: 5마디(가스마)를 반대쪽 다리로 반복한다.

13-14마디: 5-6마디(가스마)를 반복한다.

15마디: One: 오른 다리의 발끝을 쭉 편 상태에서 플랙스로 바꾼다. 왼 다리는 Demi-Plié로 앉는다. 오른쪽 팔은 허리(단검 꽂는 곳)에 얹는다. 왼 다리를 살짝 뛰면서(뽀드스콕: под скок) 오른 다리의 발뒤꿈치에서 발끝으로 바꾸고 왼 다리 가까이 가져온다.

Two: 살짝 뛰어서 오른 다리로 중심을 이동하면서, 왼 다리의 발뒤꿈치를 앞으로 민다. 오른쪽 무릎은 약간 구부러져 있는 상태이고 왼 다리는 쭉 펴져 있다.

오른 다리를 살짝 뛰어서 실행하면서 왼 다리의 발뒤꿈치에서 발끝으로 바꾸고 오른 다리 가까이로 가져온다.

16마디: One: 왼 다리를 앞에서 왼쪽 방향으로 한 걸음 날카롭게 걷는다. 왼손은 주먹을 쥐고, 왼쪽 가슴 옆에 둔다. 오른팔은 오른쪽 위로 즉 손은 살짝 주먹 쥐고 주먹이 아래로 향하게 한다. 오른 다리의 무릎은 쭉 펴고, 발바닥은 바닥으로 얼굴은 왼쪽으로 든다. 오른 다리를 앞에서 오른쪽 방향으로 한 걸음 날카롭게 걷는다. 오른손은 주먹을 쥐고, 오른쪽 가슴 옆에 놓는다. 왼 다리의 무릎은 쭉 펴고, 발바닥은 바닥으로 얼굴은 오른쪽으로 돌린다.

Two: 두 팔을 아래로 내려놓는다. 손목을 회전시켜 앞을 바라보게 한다.

오른손을 주먹을 쥘 때에는 오른쪽 가슴 옆에 놓는다. 이때, 왼손은 주먹을 쥐고 왼쪽 옆 위에 둔다. 마지막 2박자 화음에 몸의 중심을 왼쪽으로 이동시키고 오른 다리를 처음 준비 동작으로 가져온다. 마지막에 왼쪽 팔은 바를 잡고 있고 오른팔은 편안하게 아래로 내려놓는다. 잠시 멈춘 후에 반대쪽 다리를 실행한다.

Part 3. 밧뜨망 그리쎄/ 데가제, 제떼 Battement Glissé/ Battement Dégagé, Jeté : 작게 다리를 들어 올리기

《콤비네이션 1》

준비 동작: 오른 다리를 앞으로 놓고 열린5번 포지션으로 서 있다. 왼팔은 바를 잡고 오른쪽 팔은 편안하게 아래로 내려놓는다. 러시아 전통 음악을 사용한다.

박자: 4분의 2박자

준비 동작: 8마디

1-4마디: 음악을 듣는다.

5마디: One-And: 오른팔을 1번 포지션으로 이동시킨다. 얼굴은 약간 왼쪽으로 숙여 오른쪽손 바닥을 바라본다.

　　　　Two-And: 멈춘다.

6마디: One-And: 손바닥을 위로 보게 하여 2번 포지션을 한다. 얼굴을 오른쪽으로 돌린다.

　　　　Two-And: 멈춘다.

7마디: One-And: 팔을 1번 포지션으로 이동한다. 얼굴은 정면을 향하게 한다.

　　　　Two-And: 멈춘다.

8마디: One-And: 오른손을 허리에 놓는다. 얼굴을 오른쪽 아래로 숙인다. 시선은 손목을 바라본다.

　　　　Two-And: 두 다리를 Demi-Plié로 앉는다. 왼 다리의 발뒤꿈치를 들어 올린다. 얼굴을 들고, 시선은 오른쪽 정면을 바라본다.

-16마디의 콤비네이션-

1마디: One: 오른 다리를 앞에서 작게 다리를 들어 올리는 동작인 〈데가제〉를 한다. 서 있는 다리의 발뒤꿈치를 내려놓는다.

And: 멈춘다.

　　　　Two: 오른 다리를 5번 포지션으로 앞쪽으로 놓고, 서 있는 다리의 발뒤꿈치를 들어 올린다.

　　　　And: 멈춘다.

2마디: 1마디 동작을 반복한다.

3마디: One: 오른 다리를 오른쪽에서 〈데가제〉를 한다. 서 있는 다리의 발뒤꿈치를 내려놓는다. 시선은 정면이다.

　　　　And: 멈춘다.

　　　　Two: 오른 다리는 플랙스를 한다.

　　　　And: 멈춘다.

4마디: One: 오른 다리는 포인트를 한다.

　　　　And: 멈춘다.

　　　　Two: 뒤쪽 5번 포지션 동작을 한다. 서 있는 다리의 발뒤꿈치를 든다.

　　　　And: 멈춘다.

5-8마디: 1-4마디에서 행했던 동작을 뒤에서부터 실행한다. 뒤에서 동작을 행할 때, 얼굴은 오른쪽으로 돌리고, 오른쪽으로 다리를 들어 올릴 때, 시선은 정면을 향한다.

9마디: One: 오른 다리를 앞쪽에서 〈데가제〉를 한다. 서 있는 다리의 발뒤꿈치를 내려놓는다. 시선은 오른쪽이다.

　　　　And: 멈춘다.

　　　　Two: 오른 다리로 앞쪽 5번 포지션 동작을 한다. 서 있는 다리의 발뒤꿈치를 든다.

　　　　And: 멈춘다.

10마디: One: 오른 다리를 오른쪽에서 〈데가제〉를 한다. 서 있는 다리의 발뒤꿈치를 내려놓는다. 시선은 정면이다.

　　　　And: 멈춘다.

　　　　Two: 오른 다리로 뒤쪽 5번 포지션 동작을 한다. 서 있는 다리의 발뒤꿈치를 든다.

　　　　And: 멈춘다.

11마디: One: 오른 다리를 뒤쪽에서 〈데가제〉를 한다. 서 있는 다리의 발뒤꿈치를 내려놓는다. 시선은 오른쪽이다.

　　　　And: 멈춘다.

　　　　Two: 오른 다리로 뒤쪽 5번 포지션 동작을 한다. 서 있는 다리의 발뒤꿈치를 든다.

　　　　And: 멈춘다.

12마디: One: 오른 다리를 오른쪽에서 〈데가제〉를 한다. 서 있는 다리의 발뒤꿈치를 내려놓는다. 시선은 정면이다.

And: 멈춘다.

Two: 오른 다리로 앞쪽 5번 포지션 동작을 한다. 서 있는 다리의 발뒤꿈치를 든다.

And: 멈춘다.

13마디: One: 오른 다리를 오른쪽에서 〈데가제〉를 한다. 서 있는 다리의 발뒤꿈치를 내려놓는다.

And: 멈춘다.

Two: 플랙스를 한다.

And: 멈춘다.

14마디: One: 포인트를 한다.

And: 멈춘다.

Two: 오른 다리로 뒤쪽 5번 포지션 동작을 한다. 서 있는 다리의 발뒤꿈치를 든다.

And: 멈춘다.

15마디: One: 오른 다리를 오른쪽에서 〈데가제〉를 한다. 서 있는 다리의 발뒤꿈치를 내려놓는다.

And: 멈춘다.

Two: 플랙스를 한다.

And: 멈춘다.

16마디: One: 포인트를 한다.

And: 멈춘다.

Two: 오른 다리로 앞쪽 5번 포지션 동작을 한다. 서 있는 다리의 발뒤꿈치를 든다.

And: 멈춘다.

마지막 2박자 화음

One: Demi-Plié로 앉았던 동작에서 일어난다. 서 있는 다리의 발뒤꿈치를 내려놓는다. 오른팔을 편안하게 아래로 내려놓는다. 고개를 오른쪽 아래로 숙인다.

Two: 얼굴을 든다. 시선은 오른쪽 중앙을 바라본다. 잠시 후에 반대쪽 다리를 실행한다.

《콤비네이션 2》

준비 동작: 오른 다리를 앞으로 놓고 열린5번 포지션으로 서 있다. 왼팔은 바를 잡고 오른쪽 팔은 편안하게 아래로 내려놓는다.

박자: 4분의 2박자 러시아 전통 음악을 사용한다.

준비 동작: 8마디

1-4마디: 음악을 듣는다.

5마디: One-And: 오른팔을 1번 포지션으로 이동시킨다.

6마디: 손바닥을 위쪽으로 한 2번 포지션을 취한다.

7마디: 오른팔을 1번 포지션으로 이동시킨다.

8마디: One-And: 손을 허리에 얹는다. 얼굴을 오른쪽 아래로 약간 숙인다.

        Two-And: 두 다리를 Demi-Plié로 앉는다. 서 있는 다리의 발뒤꿈치를 든다. 얼굴을 들고 시선은 오른쪽 정면을 바라본다.

-8마디의 콤비네이션-

1마디: One: 오른 다리를 앞에서 〈데가제〉를 한다. 서 있는 다리의 발뒤꿈치를 내려놓는다.

      And: 멈춘다.

      Two: 오른 다리를 5번 포지션으로 앞쪽으로 놓고, 서 있는 다리의 발뒤꿈치를 들어 올린다.

      And: 멈춘다.

2마디: One: 오른 다리를 오른쪽에서 〈데가제〉를 한다. 서 있는 다리의 발뒤꿈치를 내려놓는다. 시선은 정면이다.

      And: 멈춘다.

      Two: 오른 다리를 5번 포지션으로 뒤쪽으로 놓고, 서 있는 다리의 발뒤꿈치를 들어 올린다.

      And: 멈춘다.

3마디: One: 오른 다리를 뒤쪽으로 〈데가제〉를 한다. 서 있는 다리의 발뒤꿈치를 내려놓는다.

      And: 오른 다리를 포인트 한 상태로 바닥으로 내려놓는다. 서 있는 다리의 발뒤꿈치를 들어 올린다.

      Two: 날카롭게 오른 다리를 뒤쪽으로 높지 않게 든다. 서 있는 다리의 발뒤꿈치를 바닥으로 내려놓는다.

      And: 오른 다리를 열린1번 포지션으로 놓는다. 서 있는 다리의 발뒤꿈치를 들어 올린다.

4마디: One: 오른 다리를 앞으로 들어 올린다. 서 있는 다리의 발뒤꿈치를 바닥으로 내려놓는다.

And: 멈춘다.

Two: 오른 다리를 5번 포지션으로 앞쪽으로 놓고, 서 있는 다리의 발뒤꿈치를 들어 올린다.

And: 멈춘다.

5마디: One: 오른 다리를 오른쪽으로 들어 올린다. 서 있는 다리의 발뒤꿈치를 바닥으로 내려놓는다.

And: 멈춘다.

Two: 오른 다리를 5번 포지션으로 뒤쪽으로 놓고, 서 있는 다리의 발뒤꿈치를 들어 올린다.

And: 멈춘다.

6마디: One: 오른 다리를 오른쪽으로 들어 올린다. 서 있는 다리의 발뒤꿈치를 바닥으로 내려놓는다.

And: 멈춘다.

Two: 오른 다리를 5번 포지션으로 앞쪽으로 놓고, 서 있는 다리의 발뒤꿈치를 들어 올린다.

And: 멈춘다.

7마디: One: 오른 다리를 오른쪽으로 들어 올린다. 서 있는 다리의 발뒤꿈치를 바닥으로 내려놓는다.

And: 오른 다리를 포인트 한 상태로 바닥으로 내려놓는다. 서 있는 다리의 발뒤꿈치를 들어 올린다.

Two: 날카롭게 오른 다리를 오른쪽으로 높지 않게 든다. 서 있는 다리의 발뒤꿈치를 바닥으로 내려놓는다.

And: 오른 다리를 포인트 한 상태로 바닥으로 내려놓는다. 서 있는 다리의 발뒤꿈치를 들어 올린다.

8마디: One: 날카롭게 오른 다리를 오른쪽으로 높지 않게 든다. 서 있는 다리의 발뒤꿈치를 바닥으로 내려놓는다.

And: 멈춘다.

Two: 오른 다리 뒤쪽에 5번 포지션을 취한다. 서 있는 다리의 발뒤꿈치를 들어 올린다.

And: 멈춘다.

위의 콤비네이션을 반대로 실행한다. 마지막에 2박 화음에 팔을 아래로 내려놓는다. 잠시 후에 모든 동작은 반대쪽 다리로 반복한다. 이 훈련은 다음과 같은 팔의 움직임을 포함해도 된다.

1-2마디: 1포지션을 지나 2번 포지션으로 손을 펼친다.

3-4마디: 위의 포지션을 유지한다.

5-6마디: 손을 허리로 얹는다.

7-8마디: 위의 포지션을 유지한다.

《《콤비네이션 3》》

준비 동작: 오른 다리를 앞으로 놓고 열린5번 포지션으로 서 있다.

박자: 4분의 2박자 러시아 전통 음악을 사용한다.

준비 동작: 8마디(4마디는 음악을 듣고, 4마디는 기본 준비 동작을 따른다)

-8마디의 콤비네이션-

1마디: One: 날카롭게 오른 다리를 앞으로 들어 올린다. 〈데가제〉를 한다.

    And: 멈춘다.

    Two: 플랙스를 한다.

    And: 멈춘다.

2마디: One: 오른 다리 포인트를 한다.

    And: 멈춘다.

    Two: 5번 포지션으로 돌아온다.

    And: 멈춘다.

3-4마디: 1-2마디를 반복한다.

5마디: One: 날카롭게 오른 다리를 앞으로 들어 올린다. 〈데가제〉를 한다.

    And: 멈춘다.

    Two: 1번 포지션으로 돌아온다.

    And: 멈춘다.

6마디: One: 날카롭게 오른 다리를 뒤로 들어 올린다. 무릎과 발등을 편 상태이다.

    And: 멈춘다.

　　　　Two: 1번 포지션으로 돌아온다.
　　　　And: 멈춘다.
7마디: One: 날카롭게 오른 다리를 오른쪽으로 들어 올린다. 무릎과 발등을 편 상태이다.
　　　　And: 멈춘다.
　　　　Two: 플랙스를 한다.
　　　　And: 멈춘다.
8마디: One: 포인트를 한다.
　　　　And: 멈춘다.
　　　　Two: 오른 다리 뒤쪽의 5번 포지션으로 돌아온다.
　　　　And: 멈춘다.
9-16마디: 반대로 진행한다.

마지막에 2박 화음에 팔을 아래로 내려놓는다. 잠시 후에 모든 동작은 반대쪽 다리로 반복한다.

〈〈콤비네이션 4〉〉

준비 동작: 오른 다리를 앞으로 놓고 열린 5번 포지션으로 서 있다.
박자: 4분의 2박자 우크라이나 음악을 사용한다.
전주: 4마디
1-2마디: 음악을 듣는다.
3마디: One-And-Two-And: 오른팔은 손바닥이 아래로 향한 2번 포지션으로 이동시킨다.
4마디: One-And: 살짝 주먹을 쥐고 팔꿈치를 구부려서 오른쪽 가슴 옆에 놓는다(조끼를 잡은 듯한 포즈를 취한다).
　　　　Two-And: 두 다리를 Demi-Plié로 앉는다. 서 있는 다리의 발뒤꿈치를 들어 올린다.

-16마디의 콤비네이션-

1마디: One: 오른 다리를 앞에서 〈데가제〉를 한다. 서 있는 다리의 발뒤꿈치를 내려놓는다.
　　　　And: 오른 다리를 5번 포지션으로 앞쪽으로 놓고, 서 있는 다리의 발뒤꿈치를 들어 올린다.

　　　　Two: 오른 다리를 오른쪽에서 〈데가제〉를 한다. 서 있는 다리의 발뒤꿈치를 내려놓는다.

　　　　And: 오른 다리를 5번 포지션으로 뒤쪽으로 놓고, 서 있는 다리의 발뒤꿈치를 들어 올린다.

2마디: One: 오른 다리를 뒤에서 〈데가제〉를 한다. 서 있는 다리의 발뒤꿈치를 내려놓는다.

　　　　And: 멈춘다.

　　　　Two: 오른 다리를 5번 포지션으로 뒤쪽으로 놓고, 서 있는 다리의 발뒤꿈치를 들어 올린다.

　　　　And: 멈춘다.

3마디: One: 오른 다리를 뒤에서 〈데가제〉를 한다. 서 있는 다리의 발뒤꿈치를 내려놓는다.

　　　　And: 오른 다리를 1번 포지션으로 놓고, 서 있는 다리의 발뒤꿈치를 들어 올린다.

　　　　Two: 오른 다리를 앞에서 〈데가제〉를 한다. 서 있는 다리의 발뒤꿈치를 내려놓는다.

　　　　And: 오른 다리를 1번 포지션으로 놓고, 서 있는 다리의 발뒤꿈치를 들어 올린다.

4마디: One: 오른 다리를 뒤에서 〈데가제〉를 한다. 서 있는 다리의 발뒤꿈치를 내려놓는다.

　　　　And: 멈춘다.

　　　　Two: 오른 다리를 5번 포지션으로 뒤쪽으로 놓고, 서 있는 다리의 발뒤꿈치를 들어 올린다.

　　　　And: 멈춘다.

5-8마디: 1-4마디에서 했던 동작을 '반대로' 반복한다.

9마디: One: 왼 다리를 살짝 도약하면서 오른 다리를 오른쪽으로 〈데가제〉를 한다. 이때, 발등은 쭉 편다. 얼굴은 왼쪽으로 한다.

　　　　And: 오른 다리를 up한 상태로 서고, 왼 다리의 3번 포지션 뒤쪽으로 살짝 가져온다. 왼 다리를 살짝 들어서 오른 다리 앞으로 놓는다.

　　　　Two: 왼 다리의 발바닥으로 바닥을 친다. 오른 다리를 살짝 들어 왼 다리의 뒤로 보낸다.

　　　　And: 멈춘다.

10마디: One: 오른 다리의 발바닥으로 뛰어서 왼 다리 앞으로 놓는다. 왼 다리는 오른 다리 뒤쪽 발목에 플렉스 상태로 있다. 몸통은 왼쪽, 시선은 오른쪽으로 한다.

　　　　And: 멈춘다.

　　　　Two: 왼 다리는 선다. 날카롭게 턴-아웃 상태의 오른 다리는 높지 않게 든다. 오른 다리의 무릎과 발등은 펴져 있다.

And: 멈춘다.

11마디: One: 오른 다리를 5번 포지션으로 뒤쪽으로 놓고, 서 있는 다리의 발뒤꿈치를 들어 올린다.

And: 오른 다리를 오른쪽으로 〈데가제〉한다. 서 있는 다리의 발뒤꿈치를 내려놓는다.

Two: 오른 다리를 5번 포지션으로 앞쪽으로 놓고, 서 있는 다리의 발뒤꿈치를 들어 올린다.

And: 오른 다리를 오른쪽으로 〈데가제〉한다. 서 있는 다리의 발뒤꿈치를 내려놓는다.

12마디: One: 오른 다리를 왼쪽으로 살짝 뛴다. 왼 다리의 무릎을 오른쪽 방향으로 돌린다. 오른 다리의 안쪽 복숭아뼈가 있는 곳까지 왼 다리를 가져와 발바닥을 누른다.

And: 멈춘다.

Two: 살짝 뛰어 왼 다리를 오른 다리로 앞쪽으로 가져온다.

And: 멈춘다.

13-15마디: 뒤부터 실행한다.

16마디: One: 오른 다리를 약간 구부려 왼 다리로 이동시킨다.

And: 멈춘다.

Two: 정면1번 포지션으로 이동한다. 두 다리 무릎을 쭉 편다.

And: 멈춘다.

Part 4. 론 드 잠브 Rond de jambe : 바닥과 공중에서 다리로 원 그리기

《콤비네이션 1》

준비 동작: 오른 다리를 앞으로 놓고 열린5번 포지션으로 서 있다. 왼팔은 바를 잡고 오른쪽 팔은 편안하게 아래로 내려놓는다.

박자: 4분의 3박자의 폴스키 음악을 사용한다.

준비 동작: 4마디

1마디: 음악을 듣는다.

2마디: One: 멈춘다.

Two: 오른팔이 오른쪽 2번 포지션으로 손바닥이 아래로 향하게 든다. 얼굴은 오른쪽 방향이다.

Three: 오른팔을 왼쪽-아래로 이동한다. 얼굴은 왼쪽이다. 오른손 바닥이 위로 향하게 한다.

3마디: One: 팔을 오른쪽-아래로 이동 후 2번 포지션으로 이동한다. 얼굴을 오른쪽으로 돌린다.

Two-Three: 멈춘다.

4마디: One: 오른팔이 1번 포지션을 거쳐 허리로 왔을 때, 오른 다리의 발끝은 오른쪽으로 연다.

Two: 움직이는 다리의 무릎을 구부리고 발뒤꿈치를 서 있는 다리 뒤에 붙인다. 발은 포인트 한 상태이다.

-16마디 콤비네이션-

준비: And: 오른 다리의 발 바깥쪽 옆 가장자리로 눕히고 서 있는 다리의 발뒤꿈치에서 발끝 위치에 놓는다. 오른팔은 1번 포지션으로 이동한다.

1마디: One: 서 있는 다리를 Demi-Plié로 앉으면서 오른 다리의 발끝으로 반원을 그려 뒤에 놓는다.

Two-Three: 멈춘다.

2마디: One: 무릎을 구부려서 서 있는 다리 뒤로 포인트의 동작으로 붙인다. 서 있는 다리는 무릎을 편다. 오른손은 허리에 있다.

Two: 멈춘다.

Three: 움직이는 발의 가장자리로 서 있는 다리의 발뒤꿈치에서 발끝까지 스쳐 이동하여 앞에 놓는다. 오른팔은 1번 포지션을 한다.

3-4마디: 1-2마디를 반복한다.

5마디: One: 서 있는 다리는 Demi-Plié로 앉고 오른 다리의 발뒤꿈치 가장자리로 반원을 그려 2번 포지션으로 이동한다. 오른팔은 손바닥이 위로 향한 2번 포지션이다.

Two: 오른 다리의 무릎을 구부려 서 있는 다리 뒤로 붙인다. 발등은 포인트를 한 상태이다. 서 있는 다리의 무릎은 펴고 손은 허리에 얹는다.

Three: 오른 다리의 발뒤꿈치 바깥쪽 가장자리를 옆으로 눕히고, 서 있는 다리의 발뒤꿈치에서 발끝으로 이동한다.

6마디: One: 서 있는 다리는 Demi-Plié로 앉고 오른 다리의 발뒤꿈치 가장자리로 반원을 그려 2번 포지션으로 이동한다. 오른팔은 손바닥이 위로 향한 2번 포지션이다.

Two: 오른 다리의 무릎을 구부려 서 있는 다리 뒤로 붙인다. 발등은 포인트를 한 상태이다. 서 있는 다리의 무릎은 펴고 손은 허리에 얹는다.

Three: 오른팔을 1번 포지션으로 이동시키고 서 있는 다리는 Demi-Plié로 앉는다.

7마디: One: 발바닥으로 바닥을 두 번 치면서 오른 다리는 뒤쪽으로 크게 걷고 무릎을 편다. 몸의 중심은 오른 다리에 있다. 왼 다리는 포인트 상태이고 오른팔은 오른쪽-위로 펼쳐져 있다. 얼굴은 왼쪽 방향이다.

Two: 왼 다리를 앞에 5번 포지션으로 닫는다.

Three: 왼 다리를 오른 다리 위쪽으로 들어 올린다.

8마디: One: 발바닥으로 바닥을 두 번 치면서 왼 다리는 앞쪽으로 크게 걷고 무릎을 편다. 몸의 중심은 왼 다리에 있다. 오른 다리는 포인트 상태이고 오른팔은 허리로, 시선은 처음 준비 동작 위치에 있다.

Two: 오른 다리의 무릎을 구부려 서 있는 다리 뒤에 붙인다.

Three: 서 있는 다리는 Demi-Plié로 앉는다. 이때 오른 다리는 발 바깥쪽 옆 가장자리로 눕히고, 서 있는 다리의 발뒤꿈치에서 발끝 앞쪽으로 이동한다. 얼굴은 왼쪽으로 돌린다.

9마디: One: 오른 다리는 발끝을 포인트 하면서 반원을 그려 서 있는 다리의 무릎을 펴면서 오른쪽 2번 포지션으로 이동한다.

Two: 멈춘다.

Three: Demi-Plié로 앉으면서 오른 다리를 뒤쪽에 열린5번 포지션으로 이동시킨다.

10마디: One: 오른 다리의 무릎을 펴면서 뒤로 보내고 반원을 그리고 다시 오른쪽 2번 포지션으로 이동한다. 서 있는 다리의 무릎을 정면으로 돌린다.

Two: 오른 다리로 반원을 그려서 왼쪽-앞으로 이동한다.

Three: 정면1번 포지션으로 이동한다. 두 다리의 발앞꿈치와 뒤꿈치가 약간 왼쪽을 향하게 한다. 얼굴을 오른쪽을 향한다.

11마디: One-Two-Three: 서 있는 다리는 Demi-Plié로 앉으면서 오른 다리를 뒤로 〈라스좌지꼬이〉 동작을 실행한다. 얼굴은 오른쪽 방향이다.

12마디: One-Two: 오른 다리를 정면1번 포지션으로 끌어오고 앉아 있던 다리는 일어난다. (오른 다리의 발뒤꿈치가 왼 다리 발끝에 위치한다.)

Three: 서 있는 다리는 Demi-Plié로 앉으면서 오른 다리를 열린5번 포지션으로 돌린다. 얼굴과 몸통은 처음 준비 자세로 한다.

13마디: One: 발바닥으로 오른 다리를 두 번 치면서 오른쪽-뒤로 한 걸음 이동한다. 두 다리의 무릎은 펴져 있다. 몸의 중심은 오른 다리 쪽에 있고 왼 다리는 포인트 한 상태이다. 오른 팔은 오른쪽-위로 펼쳐져 있고 몸통은 오른쪽, 얼굴은 왼쪽이다.

Two: 멈춘다.

Three: 오른 다리가 Demi-Plié로 앉으면서 왼 다리는 포인트 한 상태에서 오른 다리 앞쪽에 붙인다.

14마디: One: 발바닥으로 왼 다리를 두 번 치면서 왼쪽-앞으로 한 걸음 이동한다. 두 다리의 무릎은 펴져 있다. 몸의 중심은 왼 다리 쪽에 있고 오른 다리는 포인트 한 상태이다. 오른팔은 1번 포지션으로 돌아온다. 몸통과 얼굴은 처음 준비 동작으로 돌아온다.

Two: 오른 다리를 포인트 한 상태로 무릎을 구부려 왼 다리 뒤에 붙인다. 두 무릎은 턴-아웃 상태이다.

Three: 오른 다리를 오른쪽으로 높지 않고 날카롭게 든다. 무릎과 발등은 펴져 있는 상태이다. 얼굴은 오른쪽, 팔은 2번 포지션으로 연다.

15마디: 돌면서 〈자클류체니에_заключение_〉[18]를 한다.

One: 오른 다리를 정면으로 향하게 하고 왼 다리 앞에 있게 된다. 왼 다리를 들어 발끝을 오른 다리의 발끝 쪽으로 놓는다. 얼굴과 몸통은 오른쪽으로 살짝 숙인 상태이다.

Two: 멈춘다.

Three: 왼 다리가 정면을 향해 선다. 오른 다리를 돌려 발끝을 왼 다리의 발끝 쪽으로 놓는다. 얼굴과 몸통은 왼쪽으로 살짝 숙인 상태이다.

16마디: One: 무릎끼리 모으고, 두 발끝을 바깥쪽으로 돌린다. 몸통과 얼굴은 처음 시작 동작처럼 행한다.

Two: 두 다리의 무릎을 펴면서 발뒤꿈치를 부딪친다. 얼굴은 왼쪽을 향한다.

위의 콤비네이션을 실행한 후, 반대쪽 다리를 한다.
마지막 2박 화음에 손을 내려놓는다.

〈〈콤비네이션 2〉〉

준비 동작: 오른 다리를 앞으로 놓고 열린5번 포지션으로 서 있다. 왼팔은 바를 잡고 오른쪽 팔은 편안하게 아래로 내려놓는다.

---

18) 마무리 동작을 뜻한다.

박자: 4분의 2박자의 타타르 음악을 사용한다.

준비 동작: 4마디

1-2마디: 음악을 듣는다.

3마디: One-And: 오른팔 2번 포지션으로 손바닥이 아래로 향하게 든다.

      Two-And: 오른 다리의 발끝을 오른쪽으로 이동한다.

4마디: One-And: 팔꿈치를 살짝 구부려(90° 정도) 팔을 위로 든다. 손가락은 살짝 주먹을 쥔 상태로 모은다(마치 머리에 쓰고 있는 클라이край[19]를 잡듯이).

      Two: 움직이는 다리의 무릎을 구부리고 서 있는 다리의 뒤로 발목보다 약간 높게 포인트로 놓는다. 무릎은 턴-아웃 상태이고, 발가락은 뒤로 보낸다.

참고

남자 클래스에서는 손을 2번 포지션으로 들고 난 후 등 뒤에 손목을 놓는다.

-16마디 콤비네이션-

준비: And: 오른 다리의 발을 바깥쪽 옆 가장자리로 눕히고 서 있는 다리의 발뒤꿈치에서 발끝 위치에 놓는다(발등을 비스듬하게 놓는다). 얼굴은 왼쪽을 향하게 한다.

1마디: One-And: 오른 다리의 발끝으로 반원을 그려 2번 포지션으로 이동한다. 얼굴은 오른쪽으로 향하게 한다.

      Two-And: 움직이는 다리의 무릎을 구부려 포인트 한 상태로 서 있는 다리의 뒤에 붙인다.

2마디: One-And: 서 있는 다리를 Demi-Plié로 앉는다.

      Two: Demi-Plié로 앉은 상태에서 일어난다. 서 있는 다리의 무릎을 편다.

      And: 오른 다리의 발을 바깥쪽 옆 가장자리로 눕히고 서 있는 다리의 발뒤꿈치에서 발끝 위치에 놓는다. 얼굴은 왼쪽을 향하게 한다.

3마디: One-And: 발끝으로 반원을 그리며 '뒤로' 보낸다. 얼굴은 오른쪽으로 돌린다.

      Two-And: 움직이는 다리의 무릎을 구부려 서 있는 다리의 뒤에 붙인다.

4마디: One-And: 서 있는 다리를 up 상태로 선다.

      Two: 서 있는 다리를 up 상태에서 내려놓는다.

      And: 멈춘다.

---

19) 타타르인들이 머리에 두르는 천

5마디: One-And: 두 다리의 발끝을 모은다. 1번 포지션을 닫힌 상태로 즉 왼 다리의 발끝을 오른쪽으로 오른 다리의 발끝을 왼쪽으로 향하게 한다.

Two-And: 두 다리의 발뒤꿈치를 모은다. 왼 다리의 발뒤꿈치와 오른 다리의 발뒤꿈치를 돌리면서 동작을 한다. 얼굴은 왼쪽 방향이다.

6마디: One-And: 발끝을 모은다. 왼 다리의 발뒤꿈치와 오른 다리의 발끝을 왼쪽으로 돌린다.

Two: 서 있는 다리의 발끝을 왼쪽으로 돌리면서 움직이는 다리의 무릎을 구부려 서 있는 다리의 발목보다 약간 높은 위치에 붙인다.

And: 움직이는 다리의 발 바깥쪽 가장자리를 서 있는 다리의 앞으로 가져온다. 서 있는 다리의 왼쪽으로 발뒤꿈치가 턴-아웃 상태로 있고 무릎은 살짝 구부러져 있다.

7마디: One-And: 턴-아웃으로 플랙스 한 상태로 발뒤꿈치의 가장자리를 이용해 반원을 그리며 2번 포지션으로 이동한다. 움직이는 다리의 무릎은 펴져 있다. 얼굴은 오른쪽 방향이다.

Two: 서 있는 다리의 무릎을 펴면서 움직이는 다리를 서 있는 다리의 뒤에 붙인다. 이때 포인트 한 상태이다.

And: 서 있는 다리의 발뒤꿈치를 왼쪽으로 돌리면서 움직이는 다리의 발 바깥쪽 가장자리를 서 있는 다리의 앞으로 가져온다. 무릎은 살짝 구부러져 있다. 얼굴은 왼쪽 방향이다.

8마디: One-And: 발뒤꿈치의 가장자리로 2번 포지션까지 이동한다. 서 있는 다리의 발뒤꿈치를 오른쪽으로 돌린다. 움직이는 다리의 무릎은 쫙 펴져 있고 발은 플랙스 한 상태이다. 얼굴은 오른쪽 방향이다.

Two: 움직이는 다리의 발뒤꿈치를 서 있는 다리 뒤로 가져온다. 무릎은 펴져 있고 발은 포인트 한 상태이다.

And: 움직이는 다리의 무릎을 왼쪽으로 돌린다. 움직이는 다리의 발끝을 서 있는 다리의 발뒤꿈치 쪽으로 이동한다. 얼굴은 왼쪽 방향이다.

9마디: 보시묘르까를 한다.

One-And: Demi-Plié로 앉으면서 서 있는 다리의 앞쪽으로 발바닥을 따라서 이동한다.

Two-And: 오른 다리의 발끝으로 2번 포지션까지 반원을 그리며 이동한다. 서 있는 다리의 무릎을 편다. 얼굴을 오른쪽이다.

10마디: One: 서 있는 다리를 Demi-Plié로 앉으면서 오른 다리를 열린5번 포지션 뒤로 닫는다.

And: 오른 다리의 발끝을 뒤로 보낸다.

Two: 서 있는 다리의 무릎을 펴면서 2번 포지션으로 반원을 그리면서 이동한다. 무릎과 발등은 펴져 있다.

And: 움직이는 다리의 무릎을 왼쪽으로 돌려 서 있는 다리의 발뒤꿈치 쪽으로 이동한다. 얼굴은 왼쪽 방향이다.

11-12마디: 9-10마디에서 했던 동작을 반복한다. 12마디에서 서 있는 다리의 발뒤꿈치를 왼쪽으로 돌려 정면1번 포지션으로 돌리면서 동작을 한다. 움직이는 다리를 살짝 up된 상태로 바닥을 쓸어 '내 쪽으로'[20]으로 가져온다. 무릎도 구부러져 있다.

13마디: One: 움직이는 다리를 높지 않게 앞으로 들면서 서 있는 다리가 살짝 뛴다. 이때 턴-아웃을 한다.

And: 움직이는 다리를 살짝 up된 상태로 바닥을 쓸어 '내 쪽으로' 가져온다.

Two: 서 있는 다리가 살짝 뛰면서 움직이는 다리는 높지 않게 오른쪽으로 보낸다.

And: 움직이는 다리를 살짝 up된 상태로 바닥을 쓸어 '내 쪽으로' 가져온다.

14마디: One: 서 있는 다리가 살짝 뛰면서 움직이는 다리를 앞으로 보낸다. 무릎은 턴-아웃 상태이다.

And: 움직이는 다리를 살짝 up된 상태로 바닥을 쓸어 '내 쪽으로' 가져온다.

Two: 서 있는 다리가 살짝 뛰면서 움직이는 다리는 높지 않게 오른쪽으로 보낸다.

And: 움직이는 다리를 서 있는 다리 쪽으로 가져온다.

15마디: One: 크지 않은 발걸음만큼 오른쪽 다리를 오른쪽으로 보낸다. 몸통을 센터 쪽(바의 바깥쪽)으로 살짝 돌린다. 왼팔을 바에서 놓고 팔꿈치를 구부린다. 오른 다리의 발끝을 위쪽으로 들어 올린다.

And: 왼 다리의 발뒤꿈치를 정면1번 포지션으로 오른 다리 옆에 놓는다. 무릎은 쭉 편 상태이다.

Two: 오른 다리를 up한 상태로 뒤로 넓지 않은 보폭으로 이동시킨다. 무릎은 살짝 구부린 상태이다.

And: 오른 다리 쪽으로 왼 다리를 가져오면서 왼 다리를 up으로 이동한다.

16마디: One-And: 몸통을 오른쪽으로 돌리고 오른 다리를 앞으로 한 걸음 이동한다. 오른팔을 바에 내려놓는다.

Two: 왼 다리의 발뒤꿈치를 서 있는 다리 뒤로 붙인다. 무릎은 턴-아웃한 상태이고 발을 뒤쪽으로 보낸다.

위의 콤비네이션을 반대쪽 다리로 실행한다.

마지막 2박 화음에 움직이는 다리를 5번 포지션으로 가져오고, 팔은 2번 포지션을 거쳐 아래로 편안히 내려놓는다.

---

20) **플릭을 말한다.**

《콤비네이션 3》

준비 동작: 오른 다리를 앞으로 놓고 열린 5번 포지션으로 서 있다.

박자: 4분의 2박자 에스토니아 음악을 사용한다.

준비 동작: 2마디

1마디: 음악을 듣는다.

 2마디: One-And: 오른 다리를 약간 오른쪽으로 든다. 서 있는 다리를 Demi-Plié로 앉는다.

 오른손바닥이 아래로 향한 2번 포지션으로 하고 오른쪽으로 든다. 얼굴은 오른쪽 방향이다.

 Two: 왼 다리를 up한 상태로 살짝 뛰면서 포인트 한 오른 다리를 서 있는 다리의 발목 뒤쪽으로 가져온다. 팔은 《콤비네이션 2》의 준비 동작과 같다.

-8마디 콤비네이션-

준비: And: 오른 다리 무릎을 왼쪽으로 돌린다.

1마디: One: 서 있는 다리가 up한 상태로 살짝 뛰면서 오른 다리를 약간 앞-왼쪽으로 보낸다. 오른쪽 무릎은 쭉 펴져 있고 발등은 플랙스 상태이다.

 And: 서 있는 다리는 up한 상태로 살짝 뛰면서 오른 다리를 오른쪽 옆 공중으로 보낸다. 얼굴은 오른쪽 방향이다.

 Two: 서 있는 다리는 up한 상태로 살짝 뛰면서 오른 다리를 포인트로 하여 왼 다리의 발목 뒤에 붙인다.

 And: 멈춘다.

2마디: 1마디 동작을 반복한다.

3마디: One: 서 있는 다리는 up한 상태로 살짝 뛰면서 오른 다리를 약간 앞-왼쪽으로 보낸다. 오른 다리는 턴-아웃 상태이고 무릎은 쭉 펴져 있으며 발등은 플랙스 상태이다.

 And: 오른 다리를 공중으로 반원을 그리며 뒤쪽으로 보낸다. 이때, 서 있는 다리는 처음 준비 동작처럼 턴-아웃 상태이다. 얼굴은 오른쪽 방향이다.

 Two: 왼 다리가 up한 상태로 살짝 뛰면서 오른 다리를 포인트로 하여 왼 다리의 발목 뒤에 붙인다.

 And: 멈춘다.

4마디: 3마디 동작을 반복한다.

5마디: One: 서 있는 다리가 up한 상태로 살짝 뛰면서 오른 다리를 약간 앞-왼쪽으로 보낸다.

오른 다리는 턴-아웃 상태이고 무릎은 쭉 펴져 있으며 발등은 플랙스 상태이다. 얼굴은 왼쪽 방향이다.

And: 오른 다리로 공중에서 반원을 그리며 오른쪽으로 보낸다. 이때, 서 있는 다리는 처음 준비 동작처럼 턴-아웃 상태이다. 얼굴은 오른쪽 방향이다.

Two: 왼 다리는 up한 상태로 살짝 뛰면서 오른 다리를 포인트로 하여 왼 다리의 발목 뒤에 붙인다.

And: 오른 다리는 발바닥으로 바닥을 디디면서, 왼 다리를 살짝 들어 오른 다리 쪽으로 가져온다.

6마디: 5마디 동작을 반복한다.

7마디: One: 왼 다리는 발바닥으로 바닥을 디디면서 오른 다리는 턴-아웃으로 포인트 한 상태이고, 무릎을 구부려 높지 않게 앞-왼쪽 방향으로 든다. 얼굴은 왼쪽 방향이다.

And: 왼 다리가 살짝 뛴다.

Two: 오른 다리는 발바닥으로 바닥을 디디면서 왼 다리는 턴-아웃으로 포인트 한 상태로 무릎을 구부려 높지 않게 앞-오른쪽 방향으로 든다. 얼굴은 오른쪽 방향이다.

And: 오른 다리가 살짝 뛴다.

8마디: One: 왼 다리를 살짝 뛰면서 정면1번 포지션으로 이동한다. 오른 다리의 무릎을 구부린다. 몸통은 앞쪽이고 왼쪽으로 돌기 시작한다.

And: 오른 다리를 살짝 뛰면서 정면1번 포지션으로 이동한다. 왼쪽으로 돈다. 오른팔을 바에 내려놓고 왼쪽 팔은 왼쪽 머리에 두른 천을 살포시 잡는다(처음 준비 포즈와 같이). 혹은 등 뒤에 놓는다(남자의 경우).

Two: 오른 다리를 살짝 뛰면서 왼 다리를 공중에서 앞-왼쪽으로 이동시킨다. 그리고 그 다리를 포인트 한 상태로 서 있는 다리의 뒤쪽 발목에 놓는다. 몸통은 처음 준비 자세로 돌아온다. 위의 콤비네이션은 반대 다리로 반복 실행한다.

마지막 2박 화음에 두 다리의 무릎을 펴면서 5번 포지션으로 내려놓고 손을 아래로 내려놓는다.

Part 5. 힐HEEL의 움직임[21]

〈〈콤비네이션 1〉〉

준비 동작: 오른 다리를 앞으로 놓고 열린3번 포지션으로 서 있다. 왼팔은 바를 잡고 오른쪽 팔은 편안하게 아래로 내려놓는다.

박자: 4분의 2박자 러시아 음악을 사용한다.

준비 동작: 4마디

움직임은 8마디로 실행한다.

1마디: One: 오른 다리를 플렉스 한 상태로 왼 다리의 발목 쪽에 놓으면서 서 있는 다리의 발뒤꿈치를 바닥에 내려놓는다.

And: 서 있는 다리의 발뒤꿈치를 들면서 움직이는 다리를 서 있는 다리의 발뒤꿈치 앞에 선다.

Two: 움직이는 다리를 플렉스로 서 있는 다리의 발목 쪽에서 들면서 서 있는 다리의 발뒤꿈치를 바닥으로 내려놓는다. 팔은 2번 포지션으로 연다.

And: 서 있는 다리의 발뒤꿈치를 들면서 오른 다리의 발바닥이 서 있는 다리의 발뒤꿈치 쪽에서 바닥을 치면서 3번 포지션으로 놓는다.

2마디: One: 움직이는 다리를 서 있는 다리 옆에 놓으면서 서 있는 다리의 발뒤꿈치를 바닥에 내려놓는다. 오른 다리의 무릎을 왼쪽으로 돌린다. 팔은 1번 포지션으로 가져오고 발등은 플렉스 상태이다.

And: 오른 다리의 발바닥으로 바닥을 친다. 이때 정면1번 포지션이고 고개는 왼쪽으로 돌리고 팔은 허리에 얹는다.

Two: 서 있는 다리의 발뒤꿈치를 들면서 오른 다리의 발바닥으로 열린3번 포지션에서 바닥을 친다. 얼굴은 오른쪽으로 돌아온다.

And: 멈춘다.

3마디: One: 오른 다리를 플렉스 한 상태로 서 있는 다리의 발목 앞쪽으로 가져오면서 서 있는 다리의 발뒤꿈치는 바닥에 내려놓는다.

---

[21] 국어사전에서는 "굽이 높은 여성용 구두"라고 정의라고 되어 있다. 캐릭터 댄스에서는 남성, 여성이 슈즈를 신고 바닥을 치거나 찍으면서 훈련한다.

And: 서 있는 다리의 발뒤꿈치를 들면서 오른 다리의 발뒤꿈치를 오른쪽으로 찍는다.

Two: 오른 다리를 플랙스 한 상태로 서 있는 다리의 뒤쪽 발목 쪽으로 가져오면서 서 있는 다리의 발뒤꿈치는 바닥에 내려놓는다.

And: 서 있는 다리의 발뒤꿈치를 들면서 움직이는 다리를 뒤쪽 열린3번 포지션에서 발바닥으로 바닥을 친다.

4마디: One: 오른 다리를 플랙스 한 상태로 서 있는 다리의 발목 뒤쪽으로 가져오면서 서 있는 다리의 발뒤꿈치는 바닥에 내려놓는다.

And: 서 있는 다리의 발뒤꿈치를 들면서 오른 다리의 발뒤꿈치를 오른쪽으로 찍는다.

Two: 오른 다리를 플랙스 한 상태로 서 있는 다리의 발목 앞쪽으로 가져오면서 서 있는 다리의 발뒤꿈치는 바닥에 내려놓는다.

And: 서 있는 다리의 발뒤꿈치를 들면서 움직이는 다리를 앞쪽 열린3번 포지션에서 발바닥으로 바닥을 친다.

5마디: One: 움직이는 다리의 발바닥을 서 있는 다리의 무릎까지 들면서, 서 있는 다리의 발뒤꿈치를 바닥으로 내려놓는다. 무릎은 턴-아웃 상태이고, 발은 포인트, 팔은 1번 포지션이다.

And: 서 있는 다리의 발뒤꿈치를 들면서, 움직이는 다리의 발뒤꿈치를 앞으로 찍는다. 발은 플랙스 한 상태이고 무릎은 쭉 펴져 있다. 팔은 2번 포지션으로 펼쳐 있다.

Two: 서 있는 다리의 발뒤꿈치를 바닥으로 내려놓으면서 움직이는 다리를 서 있는 다리의 무릎까지 올린다. 무릎은 턴-아웃 상태이고 발은 포인트 상태이다.

And: 서 있는 다리의 발뒤꿈치를 들면서, 움직이는 다리를 3번 포지션 앞쪽에서 선다.

6마디: One: 서 있는 다리의 발뒤꿈치를 바닥으로 내려놓으면서 움직이는 다리를 서 있는 다리의 무릎까지 올린다. 무릎은 턴-아웃 상태이고 발은 포인트 상태이다.

And: 서 있는 다리의 발뒤꿈치를 들면서, 움직이는 다리의 발뒤꿈치를 오른쪽으로 찍는다. 발은 플랙스 한 상태이고 무릎은 쭉 펴져 있다

Two: 서 있는 다리의 발뒤꿈치를 바닥으로 내려놓으면서 움직이는 다리를 서 있는 다리의 뒤쪽 무릎까지 올린다. 무릎은 턴-아웃 상태이고 발은 포인트 상태이다.

And: 서 있는 다리의 발뒤꿈치를 들면서, 오른 다리를 뒤쪽으로 3번 포지션 위치에 놓는다.

7마디: One: 서 있는 다리의 발뒤꿈치를 바닥으로 내려놓으면서, 움직이는 다리를 서 있는 다리 옆에, 무릎을 왼쪽 방향으로 구부리고, 발바닥이 오른쪽을 바라보게 한다. 몸통은 왼쪽으로 얼굴은 오른쪽, 시선은 오른 다리의 발뒤꿈치를 본다. 팔은1번 포지션이다.

And: 서 있는 다리의 발뒤꿈치를 들면서, 오른 다리를 오른쪽 방향으로 up한 상태로 찍는다.

Two: 서 있는 다리의 발뒤꿈치를 바닥으로 내려놓으면서, 오른 다리를 오른쪽으로 높지 않게 든다. 움직이는 다리가 플랙스 상태이고 무릎은 쭉 펴져 있다. 몸통은 처음 준비 자세 위치로 돌아온다.

And: 서 있는 다리의 발뒤꿈치를 들면서, 오른 다리를 쭉 편 상태로 오른쪽으로 찍어 선다.

8마디: One: 오른 다리를 플랙스 한 상태로 서 있는 다리의 발목 쪽으로 가져오면서 서 있는 다리의 발뒤꿈치는 바닥에 내려놓는다.

And: 서 있는 다리의 발뒤꿈치를 들면서, 열린3번 포지션 앞쪽에서 오른 다리의 발바닥으로 바닥을 친다.

Two: 움직이는 다리를 턴-아웃 상태로 유지하여 발바닥으로 서 있는 다리의 무릎까지 쓸어 올린다. 동시에 서 있는 다리의 발뒤꿈치는 바닥에 내려놓는다.

And: 서 있는 다리의 발뒤꿈치를 들면서, 열린3번 포지션 뒤쪽에서 오른 다리의 발바닥으로 바닥을 친다.

위의 움직임을 '반대로' 실행한다. 마지막 2박 화음에 Demi-Plié에서 일어나 두 무릎을 쭉 편다. 팔을 편안하게 아래로 내려놓는다. 잠시 후에 반대쪽 다리로 반복하여 실행한다.

〈〈콤비네이션 2〉〉

준비 동작: 정면1번 포지션으로 서 있다.

박자: 4분의 2박자 몰디브 음악을 사용한다.

준비 동작: 4마디

1-2마디: 음악을 듣는다.

3마디: One-And: 팔을 든다.

　　　　Two-And: 2번 포지션으로 팔을 펼친다.

4마디: One-And: 1번 포지션으로 팔을 이동한다.

　　　　Two-And: 손을 허리에 얹는다.

　　　두 다리를 Demi-Plié 상태로 앉고 왼 다리의 발뒤꿈치를 든다.

움직임은 16마디로 실행한다.

1마디: One: 서 있는 다리의 발뒤꿈치를 바닥에 내려놓으면서, 오른 다리의 무릎을 구부려 왼 다리 옆쪽에 붙인다.

And: 서 있는 다리의 발뒤꿈치를 들어 올리면서, 오른 다리의 발뒤꿈치를 앞으로 찍는다. 오른 다리의 무릎은 쭉 펴져 있고 플렉스 상태이다.

Two: 서 있는 다리의 발뒤꿈치를 바닥에 내려놓으면서, 오른 다리의 무릎을 구부려 왼 다리 옆쪽에 붙인다.

And: 서 있는 다리의 발뒤꿈치를 들어 올리면서, 정면1번 포지션에서 발바닥으로 바닥을 친다.

2마디: One: 서 있는 다리의 발뒤꿈치를 바닥에 내려놓으면서, 오른 다리의 무릎을 구부려 왼 다리 옆쪽에 붙인다.

And: 서 있는 다리의 발뒤꿈치를 들어 올리면서, up한 상태로 무릎을 펴 발끝으로 찍는다.

Two: 서 있는 다리의 발뒤꿈치를 바닥에 내려놓으면서, 오른 다리의 무릎을 구부려 왼 다리 옆쪽에 붙인다.

And: 서 있는 다리의 발뒤꿈치를 들어 올리면서, 정면1번 포지션에서 발바닥으로 바닥을 친다.

3마디: One: 서 있는 다리의 발뒤꿈치를 바닥에 내려놓으면서, 오른 다리의 무릎을 구부려 왼 다리 옆쪽에 붙인다.

And: 서 있는 다리의 발뒤꿈치를 들어 올리면서, 오른 다리의 발뒤꿈치를 앞으로 찍는다. 오른 다리의 무릎은 쭉 펴져 있고 플렉스 상태이다.

Two: 서 있는 다리의 발뒤꿈치를 바닥에 내려놓으면서, 오른 다리를 공중에서 오른쪽으로 이동한다.

And: 서 있는 다리의 발뒤꿈치를 들어 올리면서, 오른 다리의 발뒤꿈치로 오른쪽 바닥을 찍는다.

4마디: One: 서 있는 다리의 발뒤꿈치를 바닥에 내려놓으면서, 오른 다리의 무릎을 구부려 왼 다리 옆쪽에 붙인다.

And: 서 있는 다리의 발뒤꿈치를 들어 올리면서, 정면1번 포지션에서 발바닥으로 바닥을 친다.

Two: 서 있는 다리의 발뒤꿈치를 바닥에 내려놓으면서, 오른 다리의 무릎을 구부려 왼 다리 옆쪽에 붙인다.

And: 서 있는 다리의 발뒤꿈치를 들어 올리면서, 정면1번 포지션에서 발바닥으로 바닥을 친다.

5-8마디: 콤비네이션을 '반대로' 실행한다.

9마디: One: 서 있는 다리의 발뒤꿈치를 바닥에 내려놓으면서, 오른 다리의 무릎을 구부려 왼 다리 옆쪽에 붙인다. 팔을 1번 포지션으로 가져온다.

And: 서 있는 다리의 발뒤꿈치를 들어 올리면서, 오른 다리의 발뒤꿈치를 앞으로 찍는다.

오른 다리의 무릎은 쭉 펴져 있고 플랙스 상태이다. 오른팔을 손바닥이 위로 향한 2번 포지션으로 열고 허리로 가져온다.

Two: 서 있는 다리의 발뒤꿈치를 바닥에 내려놓으면서, 오른 다리의 무릎을 구부려 왼 다리 옆쪽에 붙인다. 팔을 1번 포지션으로 가져온다.

And: 오른 다리를 up한 상태로 정면1번 포지션으로 선다. 손은 허리에 얹는다.

10마디: 9마디의 동작을 왼 다리로 실행한다.
11-12마디: 3-4마디의 동작을 실행한다. 이때, 팔은 2번 포지션을 한 후에 다시 허리에 얹는다.
13-14마디: 9-10마디의 동작을 뒤에서 실행한다.
15-16마디: 오른 다리를 뒤로 시작해서 3-4마디의 동작을 실행한다. 마지막 2박 화음에 서 있는 다리의 발뒤꿈치를 바닥으로 내려놓고 두 무릎을 편다. 손을 편안하게 아래로 내려놓는다. 잠시 후에 돌아서 반대쪽 다리로 실행한다.

〈〈콤비네이션 3〉〉

준비 동작: 오른 다리를 앞으로 놓고 열린3번 포지션으로 서 있다. 왼팔은 바를 잡고 오른쪽 팔은 편안하게 아래로 내려놓는다.
박자: 4분의 2박자의 벨로루시 음악을 사용한다.
준비 동작: 4마디

준비 동작: 정면1번 포지션으로 서 있다.
박자: 4분의 2박자의 몰디브 음악을 사용한다.
준비 동작: 4마디(위와 같다)

움직임은 16마디로 실행한다.

1마디: One-And: 오른 다리를 플랙스 한 상태로 왼 다리의 발목 쪽에 놓으면서 서 있는 다리의 발뒤꿈치를 바닥에 내려놓는다. 오른팔은 1번 포지션으로 가져온다.

Two-And: 서 있는 다리의 발뒤꿈치를 들면서 움직이는 다리의 발뒤꿈치를 앞으로 쭉 편다. 팔은 손바닥을 위로 향하게 하여 2번 포지션으로 이동한다.

2마디: One-And: 움직이는 다리를 플랙스로 서 있는 다리의 발목 쪽에서 들면서 서 있는 다리의 발뒤꿈치로 바닥으로 친다. 팔은 2번 포지션으로 연다.

Two-And: 서 있는 다리의 발뒤꿈치를 들면서 오른 다리의 발바닥이 서 있는 다리의 앞쪽에 위치하며 발뒤꿈치 쪽에서 바닥을 치면서 3번 포지션으로 놓는다.

3마디: One: 움직이는 다리를 서 있는 다리의 옆에 놓으면서 서 있는 다리의 발뒤꿈치를 바닥에 내려놓는다. 오른 다리 무릎을 왼쪽으로 돌린다. 팔은 1번 포지션으로 가져오고 발등은 플랙스 상태이다.

And: 서 있는 다리의 발뒤꿈치를 들어 올리면서 오른 다리의 발바닥으로 바닥을 친다. 이때 정면1번 포지션이고 고개는 왼쪽으로 돌리고 팔은 허리에 얹는다.

Two: 서 있는 다리의 발뒤꿈치로 바닥을 치면서, 오른 다리를 턴-아웃하여 플랙스 한 상태로 서 있는 다리의 발목 앞쪽으로 가져온다.

And: 서 있는 다리의 발뒤꿈치를 들면서 움직이는 다리를 앞쪽 열린3번 포지션에서 발바닥으로 바닥을 친다.

4마디: One-And: 서 있는 다리의 발뒤꿈치로 바닥을 치면서, 오른 다리를 턴-아웃하여 약간 오른쪽 옆으로 보낸다.

Two-And: 오른 다리를 서 있는 다리의 뒤쪽 3번 포지션으로 이동시킨다. 왼 다리의 발뒤꿈치는 든다.

5마디: One-And: 왼 다리를 플랙스 한 상태로 오른 다리의 발목 쪽에 놓으면서 서 있는 다리의 발뒤꿈치를 바닥에 내려놓는다. 오른팔은 1번 포지션으로 가져온다.

Two-And: 왼 다리의 발뒤꿈치를 들면서, 오른 다리 발뒤꿈치를 뒤쪽으로 보낸다. 팔은 2번 포지션으로 이동한다.

6마디: One-And: 서 있는 다리의 발뒤꿈치를 내려놓으면서, 오른 다리를 플랙스 한 상태로 왼 다리의 발목 쪽으로 가져온다.

Two-And: 오른 다리를 뒤쪽 3번 포지션에서 바닥을 친다. 이때 왼 다리의 발뒤꿈치는 든다.

7마디: One: 서 있는 다리의 발뒤꿈치를 내려놓으면서, 오른 다리를 턴-인 상태의 파세 동작을 한다. 고개를 오른쪽 방향, 시선은 오른 다리 발뒤꿈치, 팔은1번 포지션, 발끝은 포인트 한 상태이다.

And: 오른 다리가 up한 상태로 바닥을 찍는다. 팔은 허리로 가져온다.

Two: 오른 다리의 발뒤꿈치로 바닥을 찍는다.

And: 오른 다리를 살짝 위로 든다.

8마디: One-And: 살짝 뛰어 오른 다리는 앞쪽 3번 포지션을 한다. 왼 다리의 무릎을 구부리고 오른 다리 뒤에 있다. 무릎은 왼쪽 방향, 포인트 한 상태, 고개는 왼쪽 방향이다.

Two-And: 오른 다리를 높지 않게 위쪽으로 들면서, 살짝 뛰어 왼 다리는 정면1번 포지션을 한다. 왼 다리는 살짝 구부러져 있다. 팔은 1번포지션을 지나 2번 포지션으로 이동한다.

9마디: One: 오른 다리를 정면1번 포지션에서 낮은 up 상태로 하면서 왼 다리는 살짝 위로 든다. 두 다리는 약간 구부러져 있다. 상체를 앞으로 숙인다. 팔은 1번 포지션을 지나 허리에 얹는다.

And: 왼 다리를 낮은 up 상태로 이동시키면서 왼 다리는 살짝 위로 든다.

Two: 오른 다리를 정면1번 포지션에서 낮은 up 상태로 하면서 왼 다리는 살짝 위로 든다.

And: 멈춘다.

10마디: One-And: 왼 다리의 발바닥으로 바닥을 치면서 오른 다리의 무릎을 위로 끌어 올린다. 이때 상체는 곧게 편다.

Two-And: 오른 다리의 발뒤꿈치로 바닥을 친다. 팔은 1번 포지션을 지나 2번 포지션으로 이동한다. 고개는 오른쪽 방향이다.

11마디: One: 다리가 열린3번 포지션으로 이동하여 오른 다리를 낮은 up 상태로 한다. 왼 다리는 오른 다리 뒤에 약간 들려 있다. 턴-아웃 상태로 무릎은 구부러져 있다. 오른팔은 1번 포지션을 지나 허리에 얹는다. 고개는 정면 쪽이다.

And: 열린3번 포지션으로 왼 다리를 낮은 up 상태로 한다. 오른 다리는 왼 다리 앞에 약간 들려 있다.

Two: 오른 다리를 낮은 up 상태로 한다. 왼 다리는 오른 다리 뒤에 약간 들려 있다.

And: 멈춘다.

12마디: One-And: 살짝 뛰어 왼 다리의 발바닥으로 바닥을 치면서 오른 다리로 〈PASSE〉 동작을 한다.

Two-And: 오른 다리의 발뒤꿈치로 오른쪽 방향 옆 바닥을 친다. 팔은 1번 포지션을 지나 2번 포지션으로 이동한다.

13마디: One-And: 오른 다리로 살짝 뛰면서 뒤쪽 열린3번 포지션으로 낮은 up 상태의 동작을 할 때, 왼 다리를 높지 않게 든다. 팔은 가슴에 올리고, 오른쪽으로 반 바퀴 돈다.

Two-And: 오른 다리로 살짝 뛰어 왼 다리를 낮은 up 상태로 할 때, 왼 다리는 무릎을 구부리고 포인트 상태로 오른 다리의 발목 뒤에 있다. 바의 바깥쪽으로 반 바퀴 돈다.

14마디: One-And: 왼 다리로 살짝 뛰면서 뒤쪽 열린3번 포지션으로 낮은 up 상태의 동작을 할 때, 오른 다리를 오른쪽 방향으로 높지 않게 든다. 시선은 왼쪽 방향이다.

Two-And: 왼 다리로 살짝 뛰면서 열린3번 포지션으로 낮은 up 상태의 동작을 할 때, 오른 다리의 무릎을 구부려 왼 다리 뒤쪽으로 가져온다.

15마디: One-And: 왼 다리를 높지 않게 왼쪽으로 보내면서 오른 다리는 발바닥 전체로 살짝 뛴다. 오른 다리의 무릎은 구부러져 있고, 왼 다리의 무릎은 쭉 펴져 있다. 발은 플랙스 상태이다. 오른쪽으로 반바퀴 돌아서 끝낸다.

　　　Two-And: 서 있는 다리의 발뒤꿈치를 위를 들면서 왼 다리 발뒤꿈치를 왼쪽으로 돌려서 선다. 오른팔로 바를 잡고 왼팔은 2번 포지션으로 열려 있다.

16마디: One: 왼 다리의 무릎을 오른쪽으로 구부리면서 서 있는 다리의 발뒤꿈치를 바닥을 치면서 내려놓는다. 손은 허리에 얹는다.

　　　And: 왼 다리의 발바닥 전체로 바닥을 치면서 정면1 번으로 가져온다.

　　　Two: 서 있는 다리의 발뒤꿈치를 들면서 왼 다리의 발바닥 전체를 바닥을 치면서 앞쪽 열린3번 포지션으로 가져온다.

　　　And: 멈춘다.

반대쪽도 반복한다.

Part 6. 폰듀Fondu : 낮게 혹은 높게 다리를 전환시키기

《《콤비네이션 1》》

준비 동작: 오른 다리를 앞으로 놓고 열린5번 포지션으로 서 있다. 왼팔은 바를 잡고 오른쪽 손은 허리에 얹는다.

박자: 4분의 3박자의 폴스키 음악을 사용한다.

전주, 준비 동작: 4마디(종류 3)

움직임은 16마디로 실행한다.

1마디: 서 있는 다리를 Demi-Plié로 앞으면서 오른쪽 무릎을 왼쪽으로 돌린다.

2마디: 서 있는 다리를 Demi-Plié로 계속해서 앞으면서 오른쪽 무릎을 오른쪽으로 돌린다.

3마디: 서 있는 다리의 무릎을 펴면서 오른 다리를 오른쪽으로 연다.

4마디: One: 움직이는 다리를 포인트 한 상태로 바닥을 쓸어 서 있는 다리의 뒤쪽으로 가져온다.

　　　Two-Three: 멈춘다.

5-7마디: 1-3마디 동작을 반복한다.

8마디: 오른팔을 1번 포지션을 지나 손바닥이 위로 향한 2번 포지션으로 연다.

9마디: 서 있는 다리를 Demi-Plié로 앞으면서 정면으로 한 다리를 높지 않게 앞쪽으로 든다. 얼굴은 오른쪽 방향이다.

10마디: 서 있는 다리의 무릎을 펴면서 오른 다리를 높지 않게 오른쪽으로 이동한다.

11마디: 서 있는 다리를 Demi-Plié로 앉으면서 오른 다리를 높지 않게 뒤로 이동한다.

12마디: 서 있는 다리의 무릎을 펴면서 오른 다리를 서 있는 다리의 발목 뒤쪽에 놓는다.

13마디: 서 있는 다리를 Demi-Plié로 앉으면서 오른 다리 무릎을 왼쪽으로 돌린다. 팔은 1번 포지션으로 이동한다.

14마디: 서 있는 다리를 Demi-Plié로 계속해서 앉으면서 오른쪽 무릎을 오른쪽으로 돌린다. 오른손을 허리에 얹는다.

15마디: 서 있는 다리의 무릎을 펴면서 오른 다리를 높지 않게 오른쪽으로 보낸다.

16마디: One: 움직이는 다리를 바닥에서 쓸어 와 서 있는 다리의 발목 뒤에 붙인다.
Two-Three: 멈춘다.

마지막 2박 화음에 팔을 편안하게 내리고 원래 포지션으로 돌아온다. 나중에 이 콤비네이션은 바꿔도 된다. 예를 들면, 9마디에서 움직이는 다리가 앞으로 뻗을 때, 플랙스로 동작을 해도 된다. 또한 11마디에서도 오른 다리를 플랙스로 하는 것이 가능하다. 또 다른 방법으로 9마디와 11마디에서 행했던 동작에서 무릎을 구부렸다 펴는 동작으로 변형해도 된다.

《〈콤비네이션 2〉》

준비 동작: 오른 다리를 앞으로 놓고 열린5번 포지션으로 서 있다. 왼팔은 바를 잡고 오른쪽 손은 편안하게 내려놓는다.

박자: 4분의 3박자의 에스토니아 음악을 사용한다.

전주, 준비 동작: 4마디(종류 3)

움직임은 16마디로 실행한다.

1마디: 서 있는 다리를 Demi-Plié로 앉으면서 오른쪽 무릎을 왼쪽으로 돌린다.

2마디: 서 있는 다리를 Demi-Plié로 계속해서 앉으면서 오른쪽 무릎을 오른쪽으로 돌린다.

3마디: 서 있는 다리의 무릎을 펴 up으로 하면서 오른 다리를 앞으로 연다.

4마디: 멈춘다.

5마디: 서 있는 다리를 Demi-Plié로 앉으면서 오른 다리로 반원을 그려 뒤로 이동한다.

6마디: 서 있는 다리로 up 하면서 오른 다리로 열린1번 포지션을 지나 앞으로 가져온다.

7마디: 서 있는 다리를 Demi-Plié로 앉으면서 오른 다리로 열린1번 포지션을 지나 뒤로 가져온다.

8마디: 움직이는 다리를 서 있는 다리의 발목 뒤로 가져온다.

9마디: 서 있는 다리를 Demi-Plié로 앉으면서 오른 다리의 무릎을 왼쪽으로 돌린다. 팔은 1번 포지션으로 이동한다.

10마디: 서 있는 다리를 Demi-Plié로 계속해서 앉으면서 오른쪽 무릎을 오른쪽으로 돌린다. 오른손을 허리에 얹는다.

11마디: 서 있는 다리로 up 하면서 오른 다리를 높지 않게 오른쪽으로 보낸다.

12마디: 서 있는 다리의 무릎을 펴면서 움직이는 다리를 바닥에서 쓸어 와 서 있는 다리의 발목 뒤에 붙인다.

13마디: 서 있는 다리를 Demi-Plié로 앉으면서 오른 다리를 높지 않게 뒤로 이동한다.

14마디: 서 있는 다리로 up 하면서 오른 다리를 높지 않게 오른쪽으로 보낸다.

15마디: 서 있는 다리의 무릎을 펴면서 움직이는 다리를 바닥에서 쓸어 와 서 있는 다리의 발목 뒤에 붙인다.

16마디: 멈춘다.

마지막 2박 화음에 팔을 편안하게 내리고 원래 포지션으로 돌아온다. 잠시 후에 반대쪽 다리를 실행한다.

〈〈콤비네이션 3〉〉

준비 동작: 오른 다리를 앞으로 놓고 열린 5번 포지션으로 서 있다.

박자: 4분의 2박자 러시아 음악을 사용한다.

전주, 준비 동작: 8마디

1-4마디: 음악을 듣는다.

5마디: One-And: 팔을 1번 포지션으로 든다.
  Two-And: 멈춘다.

6마디: One-And: 손바닥을 위로 한 2번 포지션으로 이동한다.
  Two-And: 멈춘다.

7마디: One-And: 오른 다리의 발끝을 오른쪽으로 보낸다. 무릎과 발등은 포인트 상태이다. 팔은 1번 포지션으로 이동한다.
  Two-And: 멈춘다.

8마디: One-And: 손을 허리에 얹는다. 오른 다리를 바닥에서 약간 든다.

Two-And: 움직이는 다리를 턴-아웃 상태로 바닥을 쓸어서 부드럽게 쓸어 온다. 서 있는 다리의 발목 뒤에 붙인다.

움직임은 16마디로 실행한다.

1마디: One-And: 서 있는 다리를 Demi-Plié로 앉으면서 오른쪽 무릎을 왼쪽으로 돌린다. 서 있는 다리의 발목 앞쪽에 움직이는 발을 놓는다.

Two-And: 서 있는 다리를 Demi-Plié로 계속해서 앉으면서 오른쪽 무릎을 오른쪽으로 돌린다.

2마디: One-And-Two-And: 두 다리의 무릎을 펴면서 오른 다리를 오른쪽으로 보낸다. 팔은 1번 포지션을 지나 손바닥이 위로 향한 2번 포지션으로 이동한다.

3마디: One-And: 서 있는 다리를 Demi-Plié로 앉으면서 정면 앞으로 다리를 보낸다.

Two-And: 서 있는 다리의 무릎을 펴면서 오른 다리를 오른쪽으로 이동한다.

4마디: One-And: 서 있는 다리를 Demi-Plié로 앉으면서 오른 다리를 뒤로 이동한다.

Two: 서 있는 다리의 무릎을 펴면서 움직이는 다리를 바닥에서 쓸어 와 서 있는 다리의 발목 뒤에 붙인다. 팔은 1번 포지션을 지나 허리에 얹는다.

And: 서 있는 다리를 Demi-Plié로 앉으면서 오른쪽 무릎을 왼쪽으로 돌린다. 서 있는 다리의 발목 앞쪽에 움직이는 발을 놓는다.

5마디: One: 서 있는 다리가 Demi-Plié보다 조금 더 앉으면서 오른쪽 무릎을 오른쪽 방향으로 돌린다.

And: 두 다리의 무릎을 펴면서 오른 다리를 높지 않게 오른쪽으로 보낸다.

Two: 서 있는 다리의 무릎을 펴면서 움직이는 다리를 바닥에서 쓸어 와 서 있는 다리의 발목 뒤에 붙인다.

And: 서 있는 다리를 Demi-Plié로 앉으면서 오른쪽 무릎을 왼쪽으로 돌린다. 서 있는 다리의 앞쪽 발목에 움직이는 발을 놓는다.

6마디: One: 서 있는 다리를 Demi-Plié보다 조금 더 앉으면서 오른쪽 무릎을 오른쪽 방향으로 돌린다.

And: 두 다리 무릎을 펴면서 오른 다리를 높지 않게 오른쪽으로 보낸다.

Two: 서 있는 다리의 무릎을 펴면서 움직이는 다리를 바닥에서 쓸어 와 서 있는 다리의 발목 뒤에 붙인다.

And: 멈춘다.

7마디: One-And: 서 있는 다리를 Demi-Plié로 앉으면서 오른쪽 무릎을 왼쪽으로 돌린다. 서 있는 다리의 발목 앞쪽에 움직이는 발을 놓는다.

Two-And: 서 있는 다리를 Demi-Plié로 계속해서 앉으면서 오른쪽 무릎을 오른쪽으로 돌린다.

8마디: One-And: 두 다리의 무릎을 펴면서 오른 다리를 높지 않게 오른쪽으로 보낸다.

Two-And: 팔은 1번 포지션을 거쳐 2번 포지션으로 이동한다.

9마디: One-And: 움직이는 다리의 무릎을 구부려 발끝을 서 있는 다리의 무릎 쪽으로 가져온다. 팔은 오른쪽-위로 든다.

Two-And: 몸통을 왼쪽으로 돌리면서 오른 다리의 무릎을 왼쪽으로 돌린다.

10마디: One-And: 움직이는 다리의 무릎을 위로 들면서 서 있는 다리를 Demi-Plié로 앉는다. 이때 오른다리가 서 있는 다리의 무릎 옆에 있다. 상체는 오른 다리의 무릎 앞으로 숙인다.

Two-And: 서 있는 다리의 무릎을 펴면서 팔을 위로, 상체를 들어 올린다.

11마디: One-And: 얼굴을 오른쪽으로 돌리면서 상체를 뒤로 보낸다.

Two-And: 상체를 들어 올리면서 움직이는 다리의 무릎을 오른쪽으로 보낸다. 팔은 3번 포지션으로 이동한다.

12마디: One-And: 서 있는 다리를 Demi-Plié로 앉으면서 움직이는 다리를 서 있는 다리의 발목으로 내려놓는다.

Two-And: 서 있는 다리의 무릎을 펴면서 움직이는 다리를 오른쪽으로 높지 않게 든다. 팔은 2번 포지션으로 이동한다.

13-16마디: 9-12마디를 반복한다.

마지막 2박 화음에 움직이는 다리를 앞쪽에 놓고 열린5번 포지션으로 마무리 한다. 팔은 편안하게 아래로 내려놓는다.

〈〈콤비네이션 4〉〉

준비 동작: 오른 다리를 앞으로 놓고 열린5번 포지션으로 서 있다.

박자: 4분의 4박자의 벨라루스 음악을 사용한다.

전주, 준비 동작: 4마디

1-2마디: 음악을 듣는다.

3마디: One-Two-Three-Four: 오른팔을 부드럽게 오른쪽 위로 들어 올린다. 손바닥은 아래로 향하게 한다.

4마디: One: 오른 다리의 발끝을 오른쪽으로 이동한다. 발등과 무릎을 쭉 편다.

Two: 바닥에서 약간 들어 올린다.

Three: 오른 다리로 바닥을 쓸어서 열린 뒤쪽 5번 포지션으로 이동한다. 부드럽게 팔을 아래로 내린다.

Four: 서 있는 다리를 up으로 들어 올리며, 오른 다리를 왼 다리의 뒤쪽에서 바닥을 살짝 치면서 들어 올린다. 오른 다리는 포인트 한 상태로 발끝은 뒤쪽을 향해 있다. 무릎은 턴-아웃 상태, 팔은 오른쪽으로 이동한다. 마치 새가 날개를 편 모양으로 이동한다. 손목이 살짝 뒤에 있다.

움직임은 16마디로 실행한다.

1마디: One-Two: 서 있는 다리의 발목 안쪽에 오른발을 붙이면서 오른 다리의 무릎을 왼쪽으로 돌린다. up으로 서 있던 왼 다리는 발바닥으로 내려와 Demi-Plié로 앉기 시작한다. 발은 포인트 한 상태이다.

Three-Four: 서 있는 다리의 발목 앞쪽에 있는 오른발을 바깥쪽으로 돌린다. 즉 오른 다리의 무릎을 오른쪽으로 돌린다.

2마디: One-Two: 서 있는 다리를 up으로 들어 올리며 오른 다리를 높지 않게 오른쪽으로 보낸다.

Three: 서 있는 다리를 내려놓으면서 오른 다리를 뒤쪽에 5번 포지션 쪽으로 바닥을 쓸어 가져온다.

Four: 서 있는 다리를 up으로 들어 올리며 오른 다리를 왼 다리 뒤쪽으로 들어 올린다. 들어서 올릴 때, 오른 다리의 발이 바닥을 살짝 쳐 끌어올리고 포인트 하여 뒤에 붙인다.

3마디: One-Two: 서 있는 다리의 발목 안쪽에 오른발을 붙이면서 오른 다리의 무릎을 왼쪽으로 돌린다. up으로 서 있던 왼 다리는 Demi-Plié로 앉기 시작한다. 발목은 포인트 한 상태이다.

Three-Four: 서 있는 다리의 발목 앞쪽에 있는 오른발을 바깥쪽으로 돌린다. 즉 오른 다리의 무릎을 오른쪽으로 돌린다. 서 있는 다리는 계속 Demi-Plié 상태이다.

4마디: One-Two-Three-Four: 천천히 움직이는 다리를 위쪽에서 높게 든다. Demi-Plié로 있던 서 있는 다리는 up으로 들어 올린다.

5마디: One-Two: 왼 다리의 무릎을 쭉 펴면서 오른 다리를 살짝 구부려 앞쪽으로 부드럽게 가져온다. 상체는 살짝 앞쪽으로 숙이고 오른팔은 오른쪽 위로 든다. 고개는 오른쪽 등 뒤를 본다.

Three-Four: 오른 다리를 앞쪽으로 높게 들면서 왼 다리를 up으로 한다. 두 무릎은 쭉 펴져 있다.

6마디: One-Two: 왼 다리가 up에서 내려와 살짝 앉으면서 오른 다리는 열린1번 포지션에서 약간 뒤로 이동시킨다. 움직이는 다리의 무릎은 쭉 펴져 있고 발등은 포인트 상태이다. 팔은 팔꿈치를 돌린 후 아래로 내려놓는다.

Three: 서 있는 다리의 무릎을 쭉 펴서 up 상태로 만든다. 서 있는 다리의 뒤쪽 턴-아웃 상태의 〈꾸드 삐에(cou-de-pied)〉[22]로 이동시킨다. 발끝은 포인트 상태이다.

Four: 오른 다리의 무릎은 왼쪽으로 돌린다. 서 있는 다리의 발목 앞쪽에 오른 다리의 발을 가져온다.

7마디: One: 왼 다리가 Demi-Plié로 앉으면서 오른 다리를 왼 다리의 발목 앞쪽에서 턴-아웃을 한다.

Two: 서 있는 다리를 up으로 하면서 오른 다리를 옆으로 높지 않게 든다. 두 무릎은 쭉 펴져 있다.

Three: 움직이는 다리를 서 있는 다리 뒤쪽으로 쓸어서 가져온다. 왼 다리는 up 상태이다.

Four: 오른 무릎을 왼쪽으로 돌리면서, 서 있는 다리의 앞쪽 발목(복숭아뼈)에 오른 다리의 발을 가져온다. 발은 포인트 상태이다.

8마디: One: 서 있는 다리를 Demi-Plié로 앉으면서 오른 다리를 왼 다리의 발목 앞쪽에서 턴-아웃을 한다.

Two: 서 있는 다리를 up으로 하면서 오른 다리를 옆으로 높지 않게 든다. 두 무릎은 쭉 펴져 있다.

Three: 움직이는 다리를 서 있는 다리 뒤쪽으로 쓸어서 가져온다. 왼 다리는 up 상태이다.

Four: 오른 다리를 오른쪽으로 높지 않게 든다. 오른팔을 오른쪽 위로 든다.

9마디: One: 오른쪽 방향으로 돌면서 두 팔을 가볍게 돌리면서 살짝 아래로 내린다. 왼쪽 무릎은 쭉 펴고 마지막에 오른 다리가 왼 다리 앞쪽 위에 위치한다. 발끝은 포인트 상태다.

Two: 두 팔을 같은 높이로 부드럽게 든다.

Three: 다시 팔을 팔꿈치를 돌린 후 아래로 내려놓는다.

Four: 부드럽게 두 팔을 위로 올렸다가 내린다. 오른 다리의 무릎을 쭉 펴서 위로 선다.

10마디: One-Two: 왼 다리를 왼쪽으로 든다. 오른 다리의 무릎은 쭉 펴고 왼 다리의 발끝은 포인트 상태이다. 두 팔을 같은 높이로 부드럽게 든다.

---

22) 복숭아뼈와 종아리 아래 사이의 발목 부분에 위치하는 발레 동작

Three-Four: 왼쪽으로 반 바퀴 돌아 왼 다리로 up을 하면서 오른 다리를 왼 다리 뒤쪽으로 미끄러지듯이 이동시킨다. 왼팔로 바를 잡고 오른손을 가볍게 돌리면서 살짝 아래로 내린다.

11마디: One-Two: 오른 다리의 무릎을 왼쪽으로 돌려 서 있는 다리의 발목 앞쪽에 붙인다. 서 있는 다리를 처음처럼 Demi-Plie로 하면서 실행한다.

Three-Four: 오른 다리의 무릎을 턴-아웃 하여 앞쪽 〈PASSE〉 동작을 한다. 서 있는 다리는 Demi-Plié 상태를 유지한다.

12마디: One-Two: 왼 다리가 up하면서 오른 다리를 오른쪽으로 이동시킨다. 두 다리의 무릎이 쭉 펴져 있다.

Three-Four: 오른 다리를 왼 다리 뒤쪽 〈꾸드 삐에〉 위치로 미끄러지듯이 가져온다. 서 있는 다리는 up 상태이다.

13마디: One: 오른 다리의 무릎을 턴-아웃 하여 뒤쪽 〈PASSE〉 동작을 한다. 팔을 오른쪽 위로 든다. 고개를 오른쪽 방향이다.

Two: 서 있는 다리가 Demi-Plié 하면서 오른 다리의 무릎을 다시 45° 정도 바 안쪽 왼쪽으로 돌린다. 서 있는 다리의 무릎 정도에 오른 다리가 위치한다. 고개와 시선이 왼쪽 방향이다.

Three: 상체를 숙여 무릎에 닿게 한다. 팔을 위에서 앞쪽 아래쪽으로 내리는데 거의 1번 포지션이 될 때까지 가져온다.

Four: 서 있는 다리의 무릎을 펴면서 팔을 3번 포지션으로 가져온다.

14마디: One-Two: 상체를 뒤쪽 〈컴블레Cambre〉[23] 동작을 한다.

Three: 상체를 들어 올린다.

Four: 상체가 처음 방향으로 돌아오면서 오른 무릎을 돌려 왼 다리의 뒤쪽에서 쓸어내린다.

15마디: One-Two: 두 다리로 up로 하면서 두 팔을 위로 들다가 가볍게 돌리면서 살짝 아래로 내린다.

Three-Four: 오른 다리의 발뒤꿈치를 앞으로 돌려 오른쪽 방향으로 돌면서 고개와 시선을 왼쪽으로 돌린다.

16마디: One-Two: 서 있는 다리가 Demi-Plié 하면서 왼 다리로 〈PASSE〉를 한다. 오른손으로 바를 잡는다.

Three-Four: 두 다리의 무릎을 펴면서 up한다.

반대쪽으로 콤비네이션을 반복한다.

---

23) 상체를 앞, 뒤, 옆쪽으로 구부리는 동작을 말한다.

Part 7. 드로브늬에 뷔스투키바니야 дробные выстукивания :
발을 이용하여 바닥을 치는 동작

《콤비네이션 1》

준비 동작: 오른 다리를 앞으로 놓고 열린3번 포지션으로 서 있다.

박자: 4분의 2박자의 러시안 음악을 사용한다.

전주, 준비 동작: 8마디

움직임은 16마디로 실행한다.

1마디: One-And: 서 있는 다리의 발뒤꿈치로 바닥을 치면서 내려놓는다. 이때 움직이는 다리는 무릎을 왼쪽으로 돌린다. 오른발은 서 있는 다리의 발목 정도의 위치에 있고 얼굴은 왼쪽으로 돌린다.

Two-And: 정면1번 포지션으로 향하게 하고 발바닥 전체로 바닥을 친다. 이때 왼 다리의 발뒤꿈치는 들어 올린다.

2마디: One-And: 왼 다리의 발뒤꿈치로 바닥을 치면서 내려놓고, 오른 다리는 서 있는 다리와 가깝게 하여 무릎을 오른쪽으로 돌린다. 움직이는 발은 서 있는 다리의 발목 위치에 있고 얼굴은 오른쪽으로 돌린다.

Two-And: 오른 다리는 열린3번 포지션에서 발바닥으로 바닥을 친다. 왼 다리는 발뒤꿈치를 들어 올린다.

3마디: One-And: 서 있는 다리의 발뒤꿈치로 바닥을 치면서 내려놓는다. 이때 움직이는 다리는 무릎을 왼쪽으로 돌린다.

Two: 서 있는 다리의 발뒤꿈치를 들어 올리면서 움직이는 다리를 열린3번 포지션에서 힐의 가장자리로 바닥을 친다.

And: 멈춘다.

4마디: 3마디를 반복한다.

5-8마디: 1-4마디를 반복한다.

9마디: One: 서 있는 다리의 발뒤꿈치로 바닥을 치면서 내려놓는다. 이때 움직이는 다리는 무릎을 왼쪽으로 돌린다. 오른발은 서 있는 다리의 발목 정도의 위치에 있고 얼굴은 왼쪽으로 돌린다.

And: 움직이는 다리를 열린3번 포지션에서 힐의 가장자리로 바닥을 친다.

Two: 서 있는 다리의 발뒤꿈치를 들어 올리면서 움직이는 다리를 열린3번 포지션에서 up한 상태로 바닥을 친다. 얼굴은 오른쪽으로 돌린다.

And: 멈춘다.

10마디: One: 서 있는 다리의 발뒤꿈치로 바닥을 치면서 내려놓는다. 움직이는 다리는 왼 다리 앞에 플랙스 상태로 있다.

And: 움직이는 다리를 열린3번 포지션에서 힐의 가장자리로 바닥을 친다.

Two: 오른 다리는 열린3번 포지션에서 발바닥으로 바닥을 친다. 왼 다리는 발뒤꿈치를 들어 올린다.

And: 멈춘다.

11-12마디: 9-10마디를 반복한다.

13-16마디: 1-4마디를 반복한다.

2박 화음에 서 있는 다리의 무릎을 펴고 발뒤꿈치를 바닥에 내려놓는다. 손은 편안하게 아래로 내린 후 반대쪽 다리를 처음부터 반복한다.

《콤비네이션 2》

준비 동작: 오른 다리를 앞으로 놓고 열린3번 포지션으로 서 있다.

박자: 4분의 2박자의 러시안 음악을 사용한다.

전주: 4마디

1-2마디: 음악을 듣는다.

3마디: One-And: 오른팔을 1번 포지션으로 가져온다.

Two-And: 2번 포지션으로 연다.

4마디: One-And: 오른팔을 1번 포지션으로 가져온다.

Two-And: 허리에 얹는다.

서 있는 다리의 발뒤꿈치를 들어 올리면서 Demi-Plié로 앉는다.

움직임은 16마디로 실행한다.

1마디: One-And: 서 있는 다리의 발뒤꿈치로 바닥을 치면서 내려놓는다. 이때 움직이는 다리는 무릎을 구부린다. 오른 다리를 플랙스 한 채로 오른쪽으로 보낸다. 얼굴은 오른쪽으로, 시선은 발뒤꿈치를 본다.

Two-And: 오른 다리를 턴-인 자세로 up한 상태의 동작을 한다. 이때 무릎은 살짝 구부러져 있다.

2마디: One-And: 오른 다리를 왼 다리의 발목 앞쪽에 무릎을 구부려 플렉스한 상태로 가져온다.

Two-And: 오른 다리로 바닥을 치면서 3번 포지션으로 가져온다.

3마디: One-And: 오른 다리의 발바닥으로 바닥을 쓸면서 다리를 옆으로 든다. 왼 다리는 무릎을 쭉 편 상태이다.

Two-And: 뒤쪽 3번 포지션으로 이동한다.

4마디: One-And: 오른 다리의 발바닥으로 바닥을 쓸면서 다리를 옆으로 든다. 왼 다리는 무릎을 쭉 편 상태이다.

Two-And: 앞쪽 3번 포지션으로 이동시킨 후 두 다리를 구부려 앉는다. 이때 왼 다리의 발뒤꿈치는 들려 있다.

5마디: One-And: 서 있는 다리의 발뒤꿈치로 바닥을 치면서 내려놓는다. 이때 움직이는 다리는 무릎이 왼쪽 방향으로 구부러져 있다.

Two-And: 왼 다리의 발뒤꿈치를 들면서, 오른 다리를 정면 1번 포지션에서 발바닥으로 바닥을 친다.

6마디: One-And: 서 있는 다리의 발뒤꿈치로 바닥을 치면서 내려놓는다. 이때 움직이는 다리의 무릎은 오른쪽 방향으로 구부린다.

Two-And: 오른 다리의 발바닥으로 바닥을 치면서 왼 다리의 발뒤꿈치를 든다.

7마디: One: 서 있는 다리의 발뒤꿈치로 바닥을 치면서 내려놓으면서 오른 다리를 위로 든다.

And: 플렉스로 바닥을 친다.

Two: 서 있는 다리의 발뒤꿈치를 들면서, 오른 다리가 3번 포지션에서 up한 상태로 바닥을 친다.

And: 멈춘다.

8마디: One-And: 서 있는 다리의 발뒤꿈치를 바닥을 치면서 내려놓고 오른 다리를 위로 든다.

Two-And: 서 있는 다리의 발뒤꿈치를 들고, 오른 다리의 발뒤꿈치를 3번 포지션에서 들어 올린다.

9마디: One: 서 있는 다리의 발뒤꿈치를 바닥을 치면서 내려놓고 오른 다리를 살짝 들어 왼 다리 뒤로 보낸다.

And: 뒤쪽 3번 포지션에서 바닥을 친다.

Two: 오른 다리를 3번 포지션에서 up 상태의 동작을 취한다. 왼 다리 무릎이 〈Passé〉 상태로 오른 다리의 뒤쪽 무릎까지 올라가 있다. 오른쪽 무릎은 쭉 펴져 있고 턴-아웃 상태로 포인트 한 상태이다.

And: 멈춘다.

10-12마디: One-And-Two-And: 박자를 나누어 쓰는 동작을 말한다. 드로브늬에 뷔스투키바니아дробные выстукивания. 파트 7의 기본을 3회 반복한다.

13마디: One-And: 왼 다리의 무릎이 살짝 구부러져 있는 상태로 발바닥으로 서 있다. 오른 다리를 구부려 서 있는 다리의 무릎 높이까지 올린다. 고개를 오른쪽으로 하고, 시선은 움직이는 다리의 발뒤꿈치를 본다.

Two-And: 오른 다리를 내려 up을 한다.

14마디: One-And: 3번 포지션에서 오른 다리의 발뒤꿈치로 바닥을 찍는다.

Two-And: 오른 발바닥 전체로 바닥을 친다.

15마디: One-And: 오른발로 왼 다리를 옆으로 쓸어 든다 Passé. 턴-아웃 상태이다.

Two-And: 오른 다리의 무릎을 반대로 한다. 턴-인 상태이다. 고개가 왼쪽이다.

16마디: One-And: 오른 다리의 무릎을 반대로 한다. 턴-아웃 상태이다. 고개가 오른쪽이다.

Two-And: 오른 다리를 내려 앞쪽 3번 포지션으로 선다.

〈〈콤비네이션 3〉〉

준비 동작: 정면 1번 포지션으로 서 있다.

박자: 4분의 2박자의 루마니아 음악을 사용한다.

전주, 준비 동작: 4마디

1-3마디: 음악을 듣는다.

4마디: One-And: 오른팔을 부드럽게 오른쪽 위로 살짝 들어 올린다. 손바닥은 아래로 향하게 한다.

Two-And: 다리를 Demi-Plie로 앉으면서 왼 다리를 살짝 든다. 오른 손가락 끝을 살짝 든다.

움직임은 12마디로 실행한다.

1마디: One: 무릎을 펴고 바닥을 치면서 왼 다리로 무게 중심을 이동시킨다. 오른 다리는 포인트 상태로 살짝 든다.

And: 무릎을 펴고 바닥을 치면서 오른 다리로 무게 중심을 이동시킨다. 왼 다리는 포인트 상태로 살짝 든다.

Two: 무릎을 펴고 바닥을 치면서 왼 다리로 무게 중심을 이동시킨다. 오른 다리는 포인트 상태로 살짝 든다.

And: 무릎을 펴고 바닥을 치면서 오른 다리로 무게 중심을 이동시킨다. 왼 다리는 포인트 상태로 살짝 든다.

2마디: One: 무릎을 펴고 바닥을 치면서 왼 다리로 무게 중심을 이동시킨다. 오른 다리를 살짝 들어 바닥을 쓸어서 약간 오른쪽으로 이동시킨다.

And: 오른 다리의 발바닥으로 바닥을 친다. 고개를 오른쪽 방향이다.

Two-And: 멈춘다.

3마디: One: 두 다리를 정면 1번 포지션으로 한다. 고개는 정면이다.

And: 두 다리로 살짝 뛴다.

Two: 두 다리로 두 번 살짝 뛴다.

And: 오른 다리를 살짝 든다.

4-6마디: 1-3마디 동작을 반대 다리로 반복한다.

7-9마디: 1-3마디 동작을 반복한다.

10-12마디: 상체를 앞에서 아래로 숙이고, 팔은 편안하게 아래로 내린다.

Part 8. 발바닥을 편안하게 한 상태에서 훈련하기

《콤비네이션 1》

준비 동작: 정면 1번 포지션으로 서 있다.

박자: 4분의 2박자의 마크로스키 댄스〈야블로치카 яблочко〉음악을 사용한다.

전주, 준비 동작: 8마디

1-4마디: 음악을 듣는다.

5-8마디: 오른손을 2번 포지션으로 열다가 허리에 얹는다.

움직임은 8마디로 실행한다.

준비: And: 왼 다리의 옆에 있는 오른 다리를 들어 올린다.

1마디: One: 왼 다리를 들어 올리면서 오른 다리는 바닥을 치면서 선다. 왼 다리는 플랙스 상태이다.

And: 왼 다리로 바닥을 두 번 치면서 '내 쪽으로부터' 미끄러지듯이 나갔다가 무릎을 구부려 '내 쪽으로' 가져온다. 왼 다리는 다시 플랙스 상태이고 오른 다리 옆에 있다.

Two: 오른 다리를 들어 올리면서 왼 다리는 바닥을 치면서 선다. 오른 다리는 플랙스 상태이다.

And: 오른 다리로 바닥을 두 번 치면서 '내 쪽으로부터' 미끄러지듯이 나갔다가 무릎을 구부려 '내 쪽으로' 가져온다. 오른 다리는 다시 플랙스 상태이고 왼 다리 옆에 있다.

2마디: One: 왼 다리를 들어 올리면서 오른 다리로 무게 중심을 이동한다.

And: 오른 다리를 들어 올리면서 왼 다리로 무게 중심을 이동한다.

Two: 왼 다리를 들어 올리면서 오른 다리로 무게 중심을 이동한다.

And: 멈춘다.

3-4마디: 1-2마디를 반대 다리로 실행한다.

5마디: One: 왼 다리를 들어 올리면서 오른 다리는 바닥을 치면서 선다. 왼 다리는 플랙스 상태이다.

And: 왼 다리로 바닥을 두 번 치면서 '내 쪽으로부터' 미끄러지듯이 나갔다가 무릎을 구부려 '내 쪽으로' 가져온다. 왼 다리는 다시 플랙스 상태이고 오른 다리 옆에 있다.

Two: 오른 다리를 들어 올리면서 왼 다리로 무게 중심을 이동한다.

And: 왼 다리를 들어 올리면서 오른 다리로 무게 중심을 이동한다.

6마디: One: 왼 다리로 바닥을 두 번 치면서 '내 쪽으로부터' 미끄러지듯이 나갔다가 무릎을 구부려 '내 쪽으로' 가져온다. 왼 다리는 다시 플랙스 상태이고 오른 다리 옆에 있다.

And: 오른 다리를 들어 올리면서 왼 다리로 무게 중심을 이동한다.

Two: 왼 다리를 들어 올리면서 오른 다리로 무게 중심을 이동한다.

And: 멈춘다.

7-8마디: 5-6마디를 반대 다리로 실행한다.

7-8마디를 제외하고 위의 콤비네이션을 반복한다.

마지막은 아래와 같이 〈클류치ключ〉를 실행한다.

7마디: One: 왼 다리의 발바닥으로 바닥을 친다.

And: 왼 다리를 들어 올리면서 오른 다리를 살짝 뛴다. 왼 다리로 바닥을 친다.

Two: 오른 다리를 들어 올리면서 왼 다리로 바닥을 찍는다.

And: 오른 다리로 바닥을 친다.

8마디: One: 오른 다리를 들어 올리면서 왼 다리를 살짝 뛴다. 왼 다리로 바닥을 친다.

And: 왼 다리를 들어 올리면서 오른 다리로 바닥을 찍는다.

Two: 왼 다리로 바닥을 찍는다.

And: 멈춘다.

2박 화음에 손을 아래로 편안하게 내려놓는다. 잠시 후에 모든 동작을 반대쪽으로 실행한다.

《콤비네이션 2》

준비 동작: 열린3번 포지션으로 서 있다. 오른 다리가 앞에 위치한다.

박자: 4분의 2박자의 집시 댄스 〈쯔간цыганский〉 음악을 사용한다.

전주, 준비 동작: 2마디

1마디: One-And: 멈춘다.

　　Two-And: 오른 팔꿈치를 구부리고 손바닥을 아래로 향하게 하여 앞으로 든다.

2마디: One: 팔을 아래로 내렸다가 오른쪽으로 연다.

　　And: 멈춘다.

　　Two: 오른 다리를 왼 다리 앞쪽에서 약간 들어 올렸다가 발목 쪽으로 가져온다. 무릎을 오른쪽으로 이동한다.

움직임은 8마디로 실행한다.

준비: 오른 다리로 바닥을 치면서 '내 쪽으로부터' 미끄러지듯이 나갔다가 무릎을 구부려 '내 쪽으로' 가져온다. 오른 다리는 다시 플랙스 상태이고 서 있는 다리의 발목 앞에 위치한다.

1마디: One-And: 뒤쪽에 있는 왼 다리를 포인트 상태로 들어 올리면서, 3번 포지션에서 오른 발바닥으로 바닥을 치고 선다. 두 다리는 살짝 구부러져 있고 상체와 얼굴은 오른쪽으로 숙이고 있다. 팔은 편안하게 아래로 내려놓으면서 팔꿈치를 구부리고 손바닥을 아래로 향하게 한다.

　　Two: 오른 다리는 플랙스 상태로 들어 올린다. 왼 다리는 정면으로 향하게 하여 선다. 팔은 손바닥이 아래를 향하게 하여 오른쪽으로 연다.

　　And: 오른 다리로 바닥을 두 번 치면서 오른쪽 방향으로 '내 쪽으로부터' 미끄러지듯이 나갔다가 무릎을 구부려 '내 쪽으로' 가져온다. 오른 다리는 다시 플랙스 상태이고 서 있는 다리의 뒤쪽 발목에 위치해 있다.

2마디: One-And: 왼 다리를 앞쪽으로 포인트 상태로 들어 올리면서, 3번 포지션에서 오른 발바닥으로 바닥을 치고 선다. 두 다리는 살짝 구부러져 있고 상체와 얼굴은 왼쪽으로 숙이고 있다. 팔은 오른쪽-위로 들어 올린다.

Two: 오른 다리는 플랙스 상태로 발목 쪽에서 들어 올린다. 왼 다리는 정면으로 향하게 하여 선다. 팔은 손바닥을 아래로 향하게 하여 오른쪽으로 연다. 그리고 그 상태로 2번 포지션으로 이동한다.

3마디: One-And: 앞쪽에 있는 왼 다리를 포인트 상태로 들어 올리면서 3번 포지션에서 오른 발바닥으로 바닥을 치고 선다. 두 다리는 살짝 구부러져 있고 상체는 뒤쪽으로 숙이고, 얼굴은 오른쪽 방향이다.

Two: 오른 다리는 플랙스 상태로 발목 뒤쪽에서 들어 올린다. 왼 다리는 정면으로 향하게 하여 선다.

And: 오른 다리로 바닥을 두 번 치면서 오른쪽 방향으로 '내 쪽으로부터' 미끄러지듯이 나갔다가 무릎을 구부려 '내 쪽으로' 가져온다.

4마디: One-And: 왼 다리를 서 있는 뒤쪽에서 포인트 상태로 들어 올리면서, 3번 포지션에서 오른 발바닥으로 바닥을 치고 선다. 두 다리는 살짝 구부러져 있고 상체와 얼굴은 오른쪽으로 숙이고 있다. 팔은 편안하게 아래로 내려놓으면서 팔꿈치를 구부리고 손바닥을 아래로 향하게 한다.

Two: 오른 다리는 플랙스 상태로 들어 올린다. 왼 다리는 선다. 두 다리의 무릎은 약간 구부러져 있고 팔은 오른쪽으로 연다.

And: 오른 다리로 바닥을 두 번 치면서 앞쪽 방향으로 '내 쪽으로부터' 미끄러지듯이 나갔다가 무릎을 구부려 '내 쪽으로' 가져온다.

5마디: One: 오른 다리가 플랙스 상태로 앞쪽에 위치하면서, 서 있는 다리가 up한 상태로 살짝 뛴다. 턴-아웃 상태이다.

And: 오른 다리로 바닥을 두 번 치면서 오른쪽 방향으로 '내 쪽으로부터' 미끄러지듯이 나갔다가 무릎을 구부려 '내 쪽으로' 가져온다.

Two: 오른 다리가 플랙스 상태로 뒤쪽에 위치하면서, 서 있는 다리가 up한 상태로 살짝 뛴다. 턴-아웃 상태이다.

And: 오른 다리로 바닥을 두 번 치면서 뒤쪽-오른쪽 방향으로 '내 쪽으로부터' 미끄러지듯이 나갔다가 무릎을 구부려 '내 쪽으로' 가져온다.

6마디: One: 오른 다리가 플랙스 상태로 뒤쪽에 위치하면서, 서 있는 다리가 up한 상태로 살짝 뛴다. 턴-아웃 상태이다.

And: 오른 다리로 바닥을 치면서 오른쪽 방향으로 '내 쪽으로부터' 미끄러지듯이 내보낸다.

Two: 왼 다리를 들어 올리며, 오른 다리는 3번 포지션으로 가져온다.

And: 멈춘다.

7마디: One: 오른 다리를 플렉스 상태로 앞쪽에서 들어 올리며, 왼 다리를 up한 상태로 유지한다. 오른 다리로 바닥을 치면서 오른쪽 방향으로 '내 쪽으로부터' 미끄러지듯이 내보낸다.

And: 오른 다리로 바닥을 치면서 '내 쪽으로' 가지고 온 후, up으로 선다. 이때 왼 다리는 플렉스 한 상태로 앞에 위치해 있다.

Two: 오른 다리를 플렉스 상태로 뒤쪽에서 들어 올리며, 왼 다리를 up한 상태로 유지한다. 오른 다리로 바닥을 치면서 오른쪽 방향으로 '내 쪽으로부터' 미끄러지듯이 내보낸다.

And: 오른 다리로 바닥을 치면서 '내 쪽으로' 가지고 온 후, up으로 선다. 이때 왼 다리는 플렉스 한 상태로 뒤에 위치해 있다.

8마디: One: 오른 다리를 플렉스 상태로 앞쪽에서 들어 올리며, 왼 다리를 up한 상태로 유지한다. 오른 다리로 바닥을 치면서 오른쪽 방향으로 '내 쪽으로부터' 미끄러지듯이 내보낸다.

And: 오른 다리로 바닥을 치면서 '내 쪽으로' 가지고 온 후, up으로 선다. 이때 왼 다리는 플렉스 한 상태로 앞에 위치해 있다.

Two: 오른 다리를 플렉스로 하여 왼 다리를 정면으로 선다.

위의 콤비네이션을 '반대로' 실행한다.

2박 화음에 처음 포지션으로 돌아오고 팔은 편안하게 아래로 내려놓는다. 잠시 후에 반대 다리로 실행한다.

《《콤비네이션 3》》

준비 동작: 열린3번 포지션으로 서 있다. 오른 다리가 앞에 위치한다.

박자: 4분의 2박자의 라트비아 댄스 음악을 사용한다.

전주, 준비 동작: 8마디

1-4마디: 음악을 듣는다.

5-8마디: 기본 폴트브라를 한다. 4박자 째에 오른 다리를 앞으로 들어 올린 뒤, 서 있는 다리의 앞쪽 발목에 가져온다.

움직임은 16마디로 실행한다.

1마디: One: 오른 다리로 바닥을 치면서 앞쪽 방향으로 '내 쪽으로부터' 미끄러지듯이 높지 않게 무릎을 펴서 내보낸다. 얼굴은 오른쪽 방향이다.

And: 오른 다리로 바닥을 치면서 '내 쪽으로' 가지고 온 후, 서 있는 다리의 앞쪽 발목에 플렉스 상태로 가져온다.

Two: 오른 다리를 3번 포지션에서 up한 상태로 바닥을 친다.

　　　And: 오른 다리를 서 있는 다리의 발목 쪽으로 플랙스로 들어 올린다.

2마디: 1마디 움직임을 오른쪽으로 실행한다. 얼굴은 정면을 바라본다.

3마디: 1마디 움직임을 뒤쪽-오른쪽으로 실행한다. 얼굴을 오른쪽 방향이다.

4마디: 1마디 움직임을 오른쪽으로 실행한다. 얼굴은 정면을 바라본다.

5마디: One: 정면1번 포지션에서 오른 다리로 바닥을 치면서 앞-왼쪽 방향으로 '내 쪽으로부터' 미끄러지듯이 높지 않게 무릎을 펴서 내보낸다. 얼굴은 앞-왼쪽 방향이다.

　　　And: 오른 다리로 바닥을 치면서 '내 쪽으로'가지고 온 후, 처음 준비 동작처럼 서 있는 다리의 발목 앞쪽에 플랙스 상태로 가져온다.

　　　Two-And: 위의 동작을 앞으로 실행한다. 얼굴은 정면을 바라본다.

6마디: One-And: '내 쪽으로부터', '내 쪽으로'를 오른쪽으로 실행한다. 얼굴은 오른쪽 방향이다.

　　　Two: 3번 포지션에서 오른 다리를 뒤쪽에서 up한 상태로 바닥을 친다. 얼굴은 왼쪽, 시선은 오른 다리의 발뒤꿈치를 바라본다.

　　　And: 멈춘다.

7-8마디: 5-6마디 동작을 실행한다.

9-12마디: 1-4마디 동작을 실행한다. 처음에 뒤쪽-오른쪽에서 시작한다.

13-16마디: 5-8마디를 실행한다.

2박 화음은 다음과 같이 실행한다.

　　　One: 3번 포지션으로 발뒤꿈치를 내려놓고, 팔을 편안하게 아래로 내려놓는다. 얼굴은 오른쪽-아래를 향하게 한다.

　　　Two: 얼굴을 든다. 시선은 바의 바깥쪽을 바라본다. 잠시 후에 반대쪽을 실행한다.

《〈콤비네이션 4〉》

준비 동작: 열린3번 포지션으로 서 있다. 오른 다리가 앞에 위치한다.

박자: 4분의 2박자의 집시 댄스 〈쯔간цыганский〉 음악을 사용한다.

전주, 준비 동작: 2마디로 이전과 같다.

움직임은 16마디로 실행한다.

준비: And: 오른 다리로 바닥을 치면서 앞쪽 방향으로 '내 쪽으로부터' 미끄러지듯이 높지 않게 무릎을 펴서 내보낸다. 그리고 오른 다리로 바닥을 치면서 '내 쪽으로' 가지고 온 후, 서 있는 다리의 앞쪽 발목에 플랙스 상태로 가져온다.

1마디: One: 3번 포지션에서 오른 다리를 바닥으로 치면서 왼 다리는 뒤쪽에서 포인트 상태로 가져온다. 무릎은 약간 구부러진 상태이다. 상체와 얼굴은 오른쪽으로 숙이고 팔꿈치는 구부려 허리에 얹는다.

And: 왼 다리를 up한 상태로 바닥을 친다.

Two-And: 멈춘다.

2마디: One: 왼 다리는 up한 상태로 유지하고 오른 다리를 플랙스로 서 있는 다리의 발목 앞쪽으로 가져온다. 그리고 오른 다리는 바닥을 치면서 '내 쪽으로부터' 나간다. 손은 오른쪽으로 펼쳐져 있다.

And: 오른 다리로 바닥을 치면서 '내 쪽으로' 가지고 온 후, 오른 다리를 up 상태로 이동한다. 왼 다리는 플랙스 한 상태로 서 있는 다리의 앞쪽에 위치한다.

Two: 오른 다리를 서 있는 다리의 앞쪽 발목에 플랙스 상태로 가져오면서 왼 다리를 정면으로 선다.

And: 오른 다리로 바닥을 치면서 뒤-오른쪽 방향으로 '내 쪽으로부터' 나갔다가 '내 쪽으로' 가져온다. 그리고 서 있는 다리의 발목 뒤쪽에 플랙스 상태로 붙인다.

3-4마디: 1-2마디를 '반대로' 실행한다.

5마디: One: 오른 다리를 왼 다리 앞쪽으로 들어 올린다. 이 때, 왼 다리는 up한 상태에서 살짝 뛴다.

And: 오른 다리를 3번 포지션으로 up한 상태에서 살짝 뛰면서 이동하고 왼 다리를 오른 다리의 뒤쪽 발목에서 플랙스 상태로 한다.

Two: 왼 다리를 3번 포지션으로 up한 상태에서 살짝 뛰면서 이동하고 오른 다리를 왼 다리의 앞쪽 발목에서 플랙스 상태로 한다.

And: 오른 다리로 바닥을 치면서 오른쪽 방향으로 '내 쪽으로부터' 나갔다가 '내 쪽으로' 가져온다.

6마디: One: 왼 다리를 up한 상태에서 살짝 뛰면서 오른 다리를 왼 다리의 앞쪽으로 들어 올린다.

And: 살짝 뛰면서, 오른 다리를 3번 포지션으로 up한 상태로 이동한다. 왼 다리를 오른 다리의 앞쪽으로 들어 올린다.

Two: 살짝 뛰면서, 왼 다리를 3번 포지션으로 up한 상태로 이동한다. 오른 다리를 왼 다리의 뒤쪽으로 들어 올린다.

And: 오른 다리를 바닥을 치면서 뒤-오른쪽 방향으로 '내 쪽으로부터' 나갔다가 '내 쪽으로' 가져온다.

7-8마디: 5-6마디를 '반대로' 실행한다.

9-12마디: 1-4마디를 반복한다. 12마디에는 오른 다리를 턴-아웃시키지 않고 실행한다. 움직이는 발의 위치는 서 있는 다리의 발목에 있다. 상체는 약간 왼쪽으로 돌아가 있으며, 손바닥은 아래로 팔꿈치를 구부려 몸통 앞쪽에 있다.

13마디: One: 서 있는 다리의 발뒤꿈치를 들어 올리면서, 오른 다리로 바닥을 두 번 치면서 앞쪽 방향으로 '내 쪽으로부터' 미끄러지듯이 높지 않게 무릎을 펴서 내보낸다. 오른 다리의 무릎은 쭉 펴져 있고 상체를 다리 쪽으로 숙인다. 손은 앞-아래쪽으로 보낸다. 손가락을 쭉 펴고 손바닥을 아래쪽을 향한다.

And: 움직이는 다리를 플랙스 상태로 서 있는 다리의 발목 앞으로 가져오면서, 서 있는 다리의 발뒤꿈치를 바닥으로 내려놓는다. 무릎은 턴-아웃 상태이고 팔꿈치를 내 쪽으로 짧게 가져온다.

Two: 열린3번 포지션에서 서 있는 다리의 발뒤꿈치를 들어 올리면서, 오른 다리로 바닥을 두 번 치면서 앞쪽 방향으로 '내 쪽으로부터' 미끄러지듯이 높지 않게 무릎을 펴서 내보낸다. 오른 다리의 무릎은 쭉 펴져 있고 상체를 다리 쪽으로 숙인다. 손은 앞-아래쪽으로 보낸다. 손가락을 쭉 펴져 있으면 손바닥을 아래쪽을 향한다.

And: 움직이는 다리를 플랙스 상태로 서 있는 다리의 발목 앞으로 가져오면서, 서 있는 다리의 발뒤꿈치를 바닥으로 내려놓는다. 무릎은 턴-아웃 상태이고 팔꿈치를 몸통 쪽으로 짧게 가져온다.

14마디: One: 열린3번 포지션에서 서 있는 다리의 발뒤꿈치를 들어 올리면서, 오른 다리로 바닥을 두 번 치면서 뒤-오른쪽 방향으로 '내 쪽으로부터' 미끄러지듯이 높지 않게 무릎을 펴서 내보낸다. 상체와 얼굴 뒤-오른쪽으로, 팔을 펴서 옆으로 보낸다.

And: 서 있는 다리의 발뒤꿈치를 바닥으로 내려놓는다.

Two: 오른 다리를 up한 상태로 3번 포지션으로 왼 다리 뒤쪽으로 가져온다. 얼굴과 상체는 왼쪽으로 숙인다. 팔은 3번 포지션으로 손바닥을 위로 향하게 하여 들어 올린다.

And: 멈춘다.

15마디: One: 오른 다리를 up한 상태로 서고 오른쪽으로 돌리면서, 왼 다리는 '내 쪽으로부터' 바닥을 치면서 왼쪽 방향으로 보낸다. 오른팔은 오른쪽으로 보내고 왼손은 바를 놓고 왼쪽으로 보낸다.

And: 오른 다리를 왼 다리 뒤로 들면서, 왼 다리는 바닥을 치면서 '내 쪽으로' 가져와 up 상태로 한다.

Two: 오른 다리를 up한 상태로 서고 오른쪽으로 돌리면서, 왼 다리는 '내 쪽으로부터' 바닥을 치면서 왼쪽 방향으로 보낸다.

And: 왼 다리는 바닥을 치면서 '내 쪽으로' 가져온다. 왼 다리를 up한 상태로 이동하고 오른 다리를 들어 왼 다리의 앞쪽으로 가져온다.

16마디: One: 오른 다리를 up한 상태로 선다. 왼 다리는 '내 쪽으로부터' 바닥을 치면서 왼쪽 방향으로 보낸다. 단, 오른쪽으로 돌리지 않는다. 바를 놓지 않는다.

And: 오른 다리를 왼 다리 뒤로 들면서, 왼 다리는 바닥을 치면서 '내 쪽으로' 가져와 up 상태로 한다.

Two: 오른 다리를 정면으로 서고 왼 다리는 플랙스 한 상태로 서 있는 다리의 앞쪽 발목에 놓는다. 왼팔은 바를 잡고 있고 오른 팔꿈치는 구부려 가슴 위치로 이동한다.

And: 멈춘다.

2박 화음에 두 다리를 쭉 펴고 선다. 팔은 편안하게 아래로 내리고 잠시 후에 반대쪽 다리를 실행한다.

Part 9. 베레보치케 (Веревочке)

《《콤비네이션 1》》

전주, 준비 동작: 열린 5번 포지션으로 오른 다리가 앞에 있다.
박자: 4분의 2박자의 러시아 음악을 사용한다.
전주: 4마디
오른손을 2번 포지션으로 열고, 허리에 얹는다.

콤비네이션은 4마디로 실행한다.

준비: And: 오른 다리의 무릎을 구부려 서 있는 다리의 안쪽으로 미끄러지듯이 쓸어 앞쪽 무릎 위까지 들어 올린다. 무릎은 턴-아웃 상태이고, 발등은 포인트 상태이다.

1마디: One: 오른 다리를 뒤쪽 5번 포지션으로 선다.

And: 오른 다리의 무릎을 구부려 서 있는 다리의 안쪽으로 미끄러지듯이 쓸어 뒤쪽 무릎 위까지 들어 올린다. 무릎은 턴-아웃 상태이고, 발등은 포인트 상태이다.

Two: 두 다리를 Demi-Plié로 앉으면서, 앞쪽에 5번 포지션을 놓는다.

And: 서 있는 다리를 up으로 들어 올리면서, 오른 다리의 무릎을 구부려 서 있는 다리의 안쪽으로 미끄러지듯이 쓸어 앞쪽 무릎 위까지 들어 올린다. 무릎은 턴-아웃 상태이고, 발등은 포인트 상태이다.

2마디: One: 서 있는 다리를 up에서 내려놓으면서, 오른 다리를 뒤쪽 5번 포지션으로 선다.

And: 서 있는 다리를 up으로 들어 올리면서, 오른 다리의 무릎을 구부려 서 있는 다리의 안쪽으로 미끄러지듯이 쓸어 앞쪽 무릎 위까지 들어 올린다. 무릎은 턴-아웃 상태이고, 발등은 포인트 상태이다.

Two: 서 있는 다리를 up에서 내려놓으면서, 오른 다리를 앞쪽 5번 포지션으로 선다.

And: 멈춘다.

3마디: One-And: 서 있는 다리의 발뒤꿈치를 왼쪽으로 돌리고 up한 상태로 들어 올리면서, 오른 다리의 무릎을 구부려 서 있는 다리의 무릎 위로 다리를 들어 올린다. 오른 다리는 턴-아웃, 오른발은 포인트 상태이다.

Two-And: 서 있는 다리를 오른쪽으로 돌려 up한 상태로 내려오면서, 오른 다리를 앞쪽 5번 포지션으로 가져온다.

4마디: One-And: 서 있는 다리의 발뒤꿈치를 왼쪽으로 돌리고 up한 상태로 들어 올리면서, 오른 다리의 무릎을 구부려 서 있는 다리의 무릎 위로 다리를 들어 올린다. 오른 다리는 턴-아웃, 오른발은 포인트 상태이다.

Two: 서 있는 다리를 오른쪽으로 돌려 up한 상태로 내려오면서, 오른 다리를 앞쪽 5번 포지션으로 가져온다.

And: 오른 다리를 무릎을 구부려 왼 다리의 무릎 앞으로 끌어올린다. 발등을 포인트 한 상태이다.

5-8마디: 1-4마디를 반복한다. 그리고 다음과 같은 손의 움직임을 추가한다.

5마디: 오른팔을 손바닥이 위로 향한 2번 포지션으로 연다.

6마디: 유지한다.

7마디: 손을 허리에 얹는다.

8마디: 유지한다.

모든 동작을 한 번 더 실행한다. 2박 화음에 팔을 편안하게 내려놓는다. 잠시 후에 반대쪽 다리를 실행한다.

《콤비네이션 2》

전주, 준비 동작: 열린5번 포지션으로 오른 다리가 앞에 있다.

박자: 4분의 2박자의 투르크메니스탄[24] 춤을 사용한다.

전주: 2마디

1마디: 음악을 듣는다.

2마디: One-And: 오른팔을 2번 포지션이 될 때까지 펼친다. 손바닥은 아래를 향하고, 팔꿈치는 살짝 구부러져 있다

　　　Two-And: 팔을 펴고, 손목을 위로 향하게 한다.

콤비네이션은 16마디로 실행한다.

준비: And: 오른 다리의 무릎을 구부려 서 있는 다리의 안쪽으로 미끄러지듯이 쓸어 앞쪽 무릎 위까지 들어 올린다. 무릎은 턴-아웃 상태이고, 발등은 포인트 상태이다.

1마디: One: 오른 다리의 무릎을 왼쪽으로 돌리자마자 정면1번 포지션으로 내려놓는다. 얼굴은 왼쪽 방향이다.

　　　And-Two: 멈춘다.

　　　And: 그 방향 그대로 오른 다리의 무릎을 구부려 서 있는 다리의 안쪽으로 미끄러지듯이 쓸어 무릎 위까지 들어 올린다. 발등은 포인트 상태이다.

2마디: One: 오른 다리의 무릎을 오른쪽으로 돌리자마자 열린 5번 포지션으로 내려놓는다. 얼굴은 오른쪽 방향이다.

　　　And-Two: 멈춘다.

　　　And: 오른 다리의 무릎을 구부려 서 있는 다리의 안쪽으로 미끄러지듯이 쓸어 앞쪽 무릎 위까지 들어 올린다. 무릎은 턴-아웃 상태이고, 발등은 포인트 상태이다.

3마디: One: 오른 다리를 뒤쪽 열린5번 포지션으로 내려놓는다.

　　　And-Two: 멈춘다.

　　　And: 오른 다리로 서 있는 다리의 뒤쪽을 쓸어 무릎 위까지 올린다.

4마디: One: 오른 다리를 앞쪽 열린5번 포지션으로 내려놓는다.

　　　And-Two: 멈춘다.

　　　And: 오른 다리의 무릎을 구부려 서 있는 다리의 안쪽으로 미끄러지듯이 쓸어 앞쪽 무릎 위까지 들어 올린다.

---

24) 중앙아시아 서남부, 카스피 해에 면하여 있는 공화국(네이버 사전 참고)

5-8마디: 1-4마디를 서 있는 다리가 up한 상태로 반복한다. 8마디 째에 오른 다리를 왼 다리 쪽으로 가져오면서, 왼 다리는 살짝 뛴다.

9마디: One: 서 있는 다리는 up한 상태에 내려와 무릎에 구부러진다. 이때, 움직이는 다리는 날카롭게 앞-왼-아래로 쭉 편다. 발등은 플랙스 상태이고 얼굴은 왼쪽 방향이다. 오른 팔꿈치는 구부려져 있고 손바닥을 얼굴 뒤쪽으로 이동시킨다. 몸통은 약간 왼쪽으로 돌린다. 오른 다리를 무릎 위치에서 구부릴 때, 왼 다리는 도약한다.

And: 서 있는 다리는 up한 상태에 내려와 무릎에 구부러진다. 이때, 움직이는 다리는 날카롭게 앞-왼-아래로 쭉 편다. 발등은 플랙스 상태이다. 오른 다리의 무릎을 구부려서 있는 다리의 발목 쪽으로 가져온다. 몸통은 처음 자세로 돌아온다. 팔은 손바닥을 아래로 향하게 하고 손목을 들어 올린 2번 포지션으로 펼친다.

Two: 왼 다리를 들어 올려 오른 다리 옆에 놓는다. 이때, 오른 다리를 정면1번 포지션, up한 상태에서 구르듯이 움직인다. 바로 오른 다리를 들어 올려 왼 다리 옆에 놓는다. 이때, 왼 다리를 정면1번 포지션, up한 상태에서 구르듯이 움직인다.

And: 왼 다리를 들어 올려 오른 다리 옆에 놓는다. 이때, 오른 다리를 정면1번 포지션, up한 상태에서 구르듯이 움직인다.

10마디: 9마디의 움직임을 반대쪽 다리로 실행한다. 10마디의 마지막 박자에 오른 다리를 들어 올려 왼 다리 옆에 놓는다. 이때, 왼 다리를 정면1번 포지션, up한 상태에서 구르듯이 움직인다.

11마디: One: 왼 다리가 앉으면서, 오른 다리의 무릎을 왼쪽으로 돌린다. 오른발을 플랙스 상태로 서 있는 다리의 뒤쪽에 놓는다. 오른손은 허리에 얹는다.

And: 오른 무릎을 오른쪽으로 돌린다.

Two: 서 있는 다리의 무릎을 펴면서 up으로 선다. 오른팔을 손바닥이 '내 쪽으로부터' 위-오른쪽으로 향하게 나간다. 얼굴은 오른쪽-위쪽 방향이다.

And: 멈춘다.

12마디: 11마디를 반복한다.

13-15마디: 9-11마디를 반복한다.

16마디: One-And-Two: 포즈로 머무른다.

And: 오른쪽 무릎을 내려놓는다. 몸통을 왼쪽-아래로 돌린다. 손은 허리에 얹는다. 2박 화음에 다리를 살짝 들어 올리고 오른 다리를 처음 준비 동작으로 마무리한다. 팔은 편안하게 아래로 내린다.

《《콤비네이션 3》》

전주, 준비 동작: 열린5번 포지션으로 오른 다리가 앞에 있다.
박자: 4분의 2박자의 헝가리 춤을 사용한다.
전주: 4마디
1-2마디: 음악을 듣는다.
3-4마디: 1번 포지션을 거쳐 2번 포지션으로 이동했다가 다시 1번 포지션을 거쳐 허리에 얹는다.

콤비네이션은 8마디로 실행한다.

준비: And: 서 있는 다리를 up으로 들어 올리며, 오른 다리의 무릎을 구부려 서 있는 다리의 안쪽으로 미끄러지듯이 쓸어 앞쪽 무릎 위까지 들어 올린다. 무릎은 턴-아웃 상태이고, 발등은 포인트 상태이다.

1마디: One: 서 있는 다리를 up에서 내려놓으며, 오른 다리를 뒤쪽에 5번 포지션으로 가져온다.
And: 서 있는 다리를 up으로 들어 올리며, 오른 다리의 무릎을 구부려 서 있는 다리의 뒤쪽을 미끄러지듯이 쓸어 앞쪽 무릎 위까지 들어 올린다. 무릎은 턴-아웃 상태이고, 발등은 포인트 상태이다.
Two: 두 다리를 Demi-Plié로 앉으면서, 오른 다리를 앞쪽에 5번 포지션으로 가져온다.
And: 오른 다리의 무릎을 구부려 서 있는 다리의 안쪽으로 미끄러지듯이 쓸어 무릎 위까지 들어 올리면서. 왼 다리를 점프한다. 왼 다리 발등과 무릎은 쭉 펴져 있다.

2마디: One-And: 두 다리를 Demi-Plié로 앉으면서, 오른 다리를 뒤쪽에 5번 포지션으로 가져온다.
Two: 두 무릎을 쭉 편다.
And: 서 있는 다리를 up으로 들어 올리며, 오른 다리의 무릎을 구부려 서 있는 다리의 뒤쪽으로 미끄러지듯이 쓸어 들어 올린다. 무릎은 턴-아웃 상태이고, 발등은 포인트 상태이다.

3-4마디: 1-2마디를 '반대로' 실행한다.

5마디: One: 서 있는 다리를 up에서 내려놓으며, 오른 다리를 뒤쪽에 5번 포지션으로 가져온다.
And: 서 있는 다리를 up으로 들어 올리며, 왼 다리의 무릎을 구부려 오른 다리의 앞쪽 위로 미끄러지듯이 쓸어 올린다. 무릎은 턴-아웃 상태이고, 발등은 포인트 상태이다.
Two: 두 다리를 Demi-Plié로 앉으면서, 왼 다리를 뒤쪽에 5번 포지션으로 가져온다.
And: 오른 다리를 살짝 왼쪽에서 오른쪽으로 돌리면서, 왼 다리는 뛴다.

6마디: One: 두 다리를 정면1번 포지션 Demi-Plié로 앉는다.

And: 위로 점프하면서, 정면 쪽을 바라보는 다리를 턴-아웃 한다.

Two: 두 다리를 정면1번 포지션 Demi-Plié로 앉는다.

And: 서 있는 다리를 턴-아웃으로 돌려 up으로 들어 올리며, 오른 다리의 무릎을 구부려 서 있는 다리의 앞쪽으로 미끄러지듯이 쓸어 들어 올린다. 무릎은 턴-아웃 상태이고, 발등은 포인트 상태이다. 오른 다리도 턴-아웃 상태이다.

7-8마디: 5-6마디를 반복한다. 2박 화음에 손을 아래로 내려놓는다. 잠시 후에 반대쪽 다리를 실행한다.

Part 10. 지그자기зигзаги 혹은 즈메이카змейка

《콤비네이션 1》

전주, 준비 동작: 열린5번 포지션으로 오른 다리가 앞에 있다.

박자: 4분의 2박자의 칼무크 춤을 사용한다.

전주: 4마디

1-2마디: 음악을 듣는다.

3마디: One-And: 오른팔을 1번 포지션으로 든다.

Two-And: 2번 포지션으로 연다.

4마디: One-And: 1번 포지션으로 가져온 후, 손목을 돌려 내 몸을 바라보게 한다.

Two: 손목을 허리에 얹는다. 무릎은 쭉 펴져 있다.

And: 멈춘다.

콤비네이션은 16마디로 실행한다.

1마디: One-And: 오른 다리의 무릎을 구부린다. 오른 다리의 발끝을 포인트 상태로 서 있는 다리의 발끝 앞쪽에 가져온다. 두 다리는 턴-아웃 상태이고 얼굴은 왼쪽 방향으로 숙인다.

Two-And: 두 다리는 약간 앉으면서, 오른 다리가 정면3번 포지션으로 이동한다. 얼굴을 오른쪽으로 돌린다.

2마디: One-And: 두 다리를 구부려 약간 더 Demi-Plié로 앉으면서, 오른 다리로 열린3번 포지션으로 이동한다. 얼굴은 정면이다.

Two: 두 다리의 무릎을 펴면서, 오른 다리를 날카롭게 오른쪽으로 약간 들어 올린다. 서 있는 다리로 무게 중심을 이동한다. 오른 다리의 무릎과 발등은 펴져 있다. 얼굴은 오른쪽 방향이다.

And: 멈춘다.

3마디: One-And: 왼 다리를 발뒤꿈치를 up으로 들어 올리면서, 오른 다리를 앞쪽 열린5번 포지션으로 닫는다. 이때, 두 다리를 Demi-Plié로 앉는다. 얼굴은 왼쪽 방향이다.

Two-And: 오른 다리의 발뒤꿈치를 들어 올리면서, 왼 다리 발바닥으로 내려놓는다. 얼굴은 오른쪽 방향이다.

4마디: One-And: 왼 다리의 발뒤꿈치를 들어 올리면서, 오른 다리 발뒤꿈치를 내려놓는다. 얼굴은 왼쪽 방향이다.

Two-And: 왼 다리의 발뒤꿈치를 내려놓고, 두 다리 무릎을 펴면서, 오른 다리를 날카롭게 높지 않게 위로 든다. 오른발은 포인트 상태이고 얼굴은 오른쪽 방향이다.

5마디: One: 오른 다리의 무릎을 구부린다. 오른 다리의 발끝을 포인트 상태로 서 있는 다리의 발끝 앞쪽에 가져온다. 두 다리는 턴-아웃 상태이고 얼굴은 왼쪽 방향으로 숙인다.

And: 두 다리를 약간 앉으면서, 오른 다리가 정면3번 포지션으로 이동한다.

Two: 두 다리를 구부려 약간 더 Demi-Plié로 앉으면서, 오른 다리 발끝을 열린3번 포지션으로 이동한다. 얼굴은 정면이고 몸통은 평평하게 서 있는다.

And: 오른쪽 발뒤꿈치를 오른쪽으로 돌린다.

6마디: One-And: 두 다리를 구부려 Demi-Plié로 앉으면서, 오른 다리 발끝을 오른쪽으로 돌려 열린2번 포지션으로 이동한다. 상체를 평평하게 만들고 두 다리에 가운데 무게 중심이 있다.

Two: 서 있는 다리의 무릎을 펴면서, 오른 다리를 날카롭게 오른쪽으로 약간 들어 올린다. 서 있는 다리로 무게 중심을 이동한다. 오른 다리의 무릎과 발등은 펴져 있다.

And: 멈춘다.

7마디: One-And: 왼 다리의 발뒤꿈치를 up으로 들어 올리면서, 오른 다리를 앞쪽 열린5번 포지션으로 닫는다. 이때, 두 다리를 Demi-Plié로 앉는다. 얼굴은 왼쪽 방향이다.

Two: 서 있는 다리의 무릎을 쭉 펴면서, 오른 다리를 오른쪽으로 날카롭게 든다.

And: 멈춘다.

8마디: One-And: 왼 다리의 발뒤꿈치를 up으로 들어 올리면서, 오른 다리를 뒤쪽 열린5번 포지션으로 닫는다. 이때, 두 다리를 Demi-Plié로 앉는다. 얼굴은 왼쪽 방향이다.

Two: 서 있는 다리의 무릎을 쭉 펴면서, 오른 다리를 오른쪽으로 날카롭게 든다.

And: 멈춘다.

9마디: One: 오른 다리의 무릎을 구부린다. 오른 다리의 발끝을 포인트 상태로 서 있는 다리의 발끝 앞쪽에 가져온다. 두 다리는 턴-아웃 상태이고 얼굴은 왼쪽 방향으로 숙인다.

And: 서 있는 다리가 Demi-Plié로 앉으면서, 오른 다리가 정면3번 포지션에서 발바닥으로 바닥을 친다.

Two: 두 다리를 구부려 Demi-Plié로 앉으면서, 오른 다리로 열린3번 포지션에서 바닥을 친다. 몸통과 얼굴이 정면이다.

And: 오른 다리의 발뒤꿈치를 오른쪽으로 돌려 발바닥으로 바닥을 친다.

10마디: One-And: 두 다리를 구부려 Demi-Plié로 앉으면서, 오른 다리의 발끝을 오른쪽으로 돌려 열린2번 포지션에서 발바닥으로 바닥을 친다. 상체를 평평하게 만들고 두 다리의 가운데에 무게 중심이 있다.

Two: 서 있는 다리의 무릎을 펴면서, 오른 다리를 날카롭게 오른쪽으로 약간 들어 올린다. 서 있는 다리로 무게 중심을 이동한다. 오른 다리의 무릎과 발등은 펴져 있다.

And: 멈춘다.

11-12마디: 9-10마디를 반복한다.

13-15마디: 오른 다리는 열린2번 포지션으로, 즉 오른쪽으로 이동할 때까지 발끝에서 발뒤꿈치를 6번 이동시킨다. 무릎은 살짝 구부린다. 어깨를 한 번씩 위-아래로 차례로 움직인다.

16마디: One-And: 두 다리를 구부려 반대쪽 방향으로 돌면서, 살짝 뛰어 열린 5번 포지션으로 up으로 올라선다. 이때, 왼 다리가 앞에 있다. 무릎은 살짝 구부러져 있다. 오른손으로 바를 잡고, 왼손은 손등을 허리에 얹는다.

Two: 오른 다리의 발바닥으로 바닥을 치면서 일어나면서, 왼 다리는 날카롭고 높지 않게 왼쪽으로 연다.

And: 멈춘다.

반대쪽 다리를 반복한다. 2박 화음에 오른 다리를 앞쪽 5번 포지션으로 가져오고 팔을 편안하게 아래로 내려놓는다.

Part 11. 데벨로뻬 Développé : 다리를 90°로 열기

《콤비네이션 1》

전주, 준비 동작: 열린 5번 포지션으로 오른 다리가 앞에 있다.
박자: 8분의 6박자의 몰디브 춤을 사용한다.
전주: 4마디: 음악을 듣는다.

콤비네이션은 16마디로 실행한다.

1마디: One-And: 서 있는 다리를 up으로 들어 올리면서, 오른 다리의 무릎을 구부려 발끝을 서 있는 다리의 앞쪽 무릎까지 끌어올린다. 무릎은 턴-아웃, 발은 포인트 상태이다. 팔은 1번 포지션으로 가져온다.

2마디: One: 서 있는 다리가 똑바로 선 상태를 거쳐 Demi-Plié로 내려온다. 이때, 오른 다리는 앞쪽-위로 편다. 팔은 2번 포지션으로 손바닥을 위를 향해 있다.
Two: 오른 다리는 플랙스 한다.

3마디: One: 오른 다리를 포인트로 했다가 다시 플랙스 한다.
Two: 오른 다리를 포인트로 했다가 다시 플랙스 한다.

4마디: One: 서 있는 다리가 일어나면서, 오른 발끝을 바닥에 내려놓는다. 서 있는 다리의 무릎이 펴져 있다.
Two: 오른 다리를 앞쪽 5번 포지션으로 가져온다.

5-8마디: 1-4마디의 동작을 오른쪽 방향으로 실행한다.

9-12마디: 1-4마디의 동작을 뒤쪽 방향으로 실행한다.

13-14마디: 오른팔을 앞쪽으로 가져온 후 다시 오른쪽-위로 든다. 이 움직임은 흔히 8자를 그린다고 표현한다. 얼굴과 상체가 살짝 오른쪽을 바라본다.

15마디: 작게 Demi-Plié로 앉았다가 두 다리를 up한 상태로 선다. 무릎은 쭉 펴져 있다. 오른손으로 8자를 그린다. 얼굴은 왼쪽-위를 바라본다. 상체는 약간 뒤쪽으로 누워 있다.

16마디: 두 다리를 up한 상태에서 발바닥이 바닥에 닿게 내려온다. 팔은 위에 있다가 손을 허리에 얹는다. 상체가 처음 준비 자세로 돌아온다.

위의 콤비네이션을 '반대로' 실행한다. 2박 화음에 팔을 편안하게 내려놓는다. 잠시 후에 반대쪽 다리를 실행한다.

⟨⟨콤비네이션 2⟩⟩

전주, 준비 동작: 열린5번 포지션으로 오른 다리가 앞에 있다.
박자: 4분의 2박자의 헝가리 춤을 사용한다.
전주: 4마디: 음악을 듣는다.

움직임은 8마디로 실행한다.
1마디: One-And: 오른 다리의 무릎을 구부려 발끝을 서 있는 다리의 앞쪽 무릎까지 끌어올린다. 무릎은 턴-아웃, 발은 포인트 상태이다. 팔은 1번 포지션으로 가져온다.
  Two: 서 있는 다리를 Demi-Plié로 앉으면서, 오른 다리를 앞쪽-위로 편다. 이때, 오른 다리의 무릎과 발등은 쭉 펴져 있다. 팔은 2번 포지션으로 손바닥을 위를 향해 있다.
  And: 서 있는 다리의 발뒤꿈치를 들어 올려 바닥을 친다.
2마디: One: 서 있는 다리의 발뒤꿈치를 들어 올려 바닥을 한 번 더 친다.
  And: 멈춘다.
  Two: 서 있는 다리로 일어나면서, 오른 발끝을 바닥에 내려놓는다. 서 있는 다리의 무릎이 펴져 있다. 팔은 1번 포지션으로 가져온다.
  And: 오른 다리를 앞쪽 5번 포지션으로 가져온다. 손을 허리에 얹는다.
3-4마디: 1-2마디 움직임을 왼 다리로 뒤쪽 방향으로 실행한다.
5-6마디: 1-2마디 움직임을 오른 다리로 오른쪽-위 방향으로 실행한다. 얼굴은 정면 방향이다. 오른 다리를 뒤쪽 5번 포지션으로 가져온다.
7마디: One-And: 오른 다리의 무릎을 구부려 발끝을 서 있는 다리의 뒤쪽 무릎까지 끌어올린다. 무릎은 턴-아웃, 발은 포인트 상태이다. 팔은 1번 포지션으로 가져온다.
  Two-And: 손을 2번 포지션으로 열면서, 오른 다리를 오른쪽으로 연다.
8마디: One-And: 오른 다리의 무릎을 바닥에 내려놓는다. 상체를 왼쪽으로 돌리고 얼굴을 오른쪽 방향으로, 손은 허리에 얹는다.
  Two: 상체를 들어 올려 원래 위치로 돌려놓으면서, 두 다리의 무릎을 쭉 편다. 이때 손을 2번 포지션으로 연다.
  And: 오른 다리를 뒤쪽 5번 포지션으로 가져온다. 팔을 편안하게 아래로 내려놓는다.
위의 콤비네이션을 '반대로' 실행한다. 훈련이 익숙해지면 모든 동작을 up 상태로 진행해도 된다. 반대쪽 다리로 실행한다.

《콤비네이션 3》

전주, 준비 동작: 열린 5번 포지션으로 오른 다리가 앞에 있다.
박자: 4분의 2박자의 헝가리 춤을 사용한다.
전주: 4마디: 음악을 듣는다.
1-2마디: 음악을 듣는다.
3마디: One-And: 오른팔을 1번 포지션으로 가져온다.
  Two-And: 2번 포지션으로 연다.
4마디: One-And: 다시 오른팔을 1번 포지션으로 가져온다.
  Two-And: 손은 허리에 얹는다.

움직임은 16마디로 실행한다.

준비: And: 오른 다리의 무릎을 구부려 발끝을 서 있는 다리의 무릎 앞쪽까지 끌어올린다. 무릎은 턴-아웃, 발은 포인트 상태이다.
1마디: One: 오른 다리를 뒤쪽 5번 포지션으로 가져온다.
  And: 오른 다리의 무릎을 구부려 발끝을 서 있는 다리의 무릎 뒤쪽까지 끌어올린다. 무릎은 턴-아웃, 발은 포인트 상태이다.
  Two: 두 다리가 Demi-Plié로 앉으면서, 오른 다리를 앞쪽 5번 포지션으로 가져온다.
  And: 오른 다리의 무릎을 구부려 왼 다리의 무릎 앞쪽으로 끌어올리면서, 점프한다. 무릎은 턴-아웃 상태이다. 오른팔을 1번 포지션으로 가져온다.
2마디: One-And: 서 있는 다리가 점프에서 내려와 Demi-Plié로 앉으면서, 오른 다리를 앞쪽-위로 편다. 이때, 오른 다리의 무릎과 발등이 쭉 펴져 있다. 팔은 2번 포지션으로 손바닥을 위로 향해 있다.
  Two: 서 있는 다리의 무릎을 쭉 펴면서, 오른 다리를 앞쪽 5번 포지션으로 가져온다.
  And: 왼 다리의 무릎을 구부려 발끝을 서 있는 다리의 무릎 뒤쪽까지 끌어올린다. 무릎은 턴-아웃, 발은 포인트 상태이다.
3마디: One: 왼 다리를 앞쪽 5번 포지션으로 가져온다.
  And: 왼 다리의 무릎을 구부려 발끝을 서 있는 다리의 무릎 앞쪽까지 끌어올린다. 무릎은 턴-아웃, 발은 포인트 상태이다.
  Two: 왼 다리를 뒤쪽 5번 포지션으로 가져오면서, 두 다리를 Demi-Plié로 앉는다.
  And: 왼 다리의 무릎을 구부려 오른 다리의 무릎 뒤쪽으로 끌어올리면서, 점프한다. 무릎은 턴-아웃 상태이다. 오른팔을 1번 포지션으로 가져온다.

4마디: One-And: 서 있는 다리가 점프에서 내려와 Demi-Plié로 앉으면서, 왼 다리가 뒤쪽-위로 편다. 이때, 왼 다리의 무릎과 발등이 쭉 펴져 있다. 팔은 손바닥이 위로 향해 있는 2번 포지션이다.

Two: 서 있는 다리의 무릎을 쭉 펴면서, 왼 다리를 뒤쪽 5번 포지션으로 가져온다. 손은 허리에 얹는다.

And: 오른 다리의 무릎을 구부려 발끝을 서 있는 다리의 무릎 앞쪽까지 끌어올린다. 무릎은 턴-아웃, 발은 포인트 상태이다.

5마디: One: 오른 다리를 뒤쪽 5번 포지션으로 가져온다.

And: 오른 다리의 무릎을 구부려 발끝을 서 있는 다리의 무릎 뒤쪽까지 끌어올린다. 무릎은 턴-아웃, 발은 포인트 상태이다.

Two: 두 다리가 Demi-Plié로 앉으면서, 오른 다리를 앞쪽 5번 포지션으로 가져온다.

And: 오른 다리의 무릎을 구부려 왼 다리의 무릎 앞쪽으로 끌어올리면서 점프한다. 무릎은 턴-아웃 상태이다. 오른팔을 1번 포지션으로 가져온다.

6마디: One-And: 서 있는 다리가 점프에서 내려와 Demi-Plié로 앉으면서, 오른 다리를 오른쪽-위로 편다. 이때, 오른 다리의 무릎과 발등이 쭉 펴져 있다. 팔은 손바닥이 위로 향해 있는 2번 포지션이다.

Two: 서 있는 다리의 무릎을 쭉 펴면서, 오른 다리를 뒤쪽 5번 포지션으로 가져온다. 손은 허리에 얹는다.

And: 두 다리를 구부려 Demi-Plié로 앉는다. 오른 다리의 무릎을 구부려 왼 다리의 무릎 뒤쪽으로 끌어올리면서, 점프한다. 무릎은 턴-아웃 상태이다. 오른팔을 1번 포지션으로 가져온다.

7마디: One: 서 있는 다리가 점프에서 내려와 Demi-Plié로 앉으면서, 오른 다리를 오른쪽-위로 편다. 이때, 오른 다리의 무릎과 발등이 쭉 펴져 있다. 팔은 손바닥이 위로 향해 있는 2번 포지션이다.

And: 서 있는 다리의 무릎을 쭉 펴면서 up으로 들어 올린다.

Two-And: 상체를 왼쪽으로 돌리면서 오른 다리의 무릎을 바닥 가까이로 가져온다. 얼굴은 오른쪽 방향이다. 손을 허리에 얹는다.

8마디: One-And: 상체를 들어 올려 원래 위치로 돌려놓으면서, 두 다리의 무릎을 쭉 편다. 오른 다리의 발끝이 옆쪽에 바닥에 있다. 이때 손을 2번 포지션으로 연다.

Two: 오른 다리를 뒤쪽 5번 포지션으로 가져온다. 팔을 편안하게 아래로 내려놓는다.

위의 콤비네이션을 '반대로' 실행한다. 잠시 포즈를 취한 뒤, 반대쪽 다리를 실행한다.

Part 12. 그랑 밧드망 Grande battements : 다리를 크게 차기

〈〈콤비네이션 1〉〉

전주, 준비 동작: 열린 5번 포지션으로 오른 다리가 앞에 있다.
박자: 4분의 2박자의 러시아 춤을 사용한다.
전주: 2마디
1마디: 음악을 듣는다.
2마디: One-And: 오른팔을 1번 포지션으로 가져온다.
      Two: 손바닥이 위로 향한 2번 포지션으로 연다. 얼굴은 오른쪽으로 돌린다.

움직임은 16마디로 실행한다.

준비: And: 오른 다리를 앞쪽-위로 〈그랑 밧드망〉 동작을 한다. 무릎과 발등은 쭉 펴져 있다.
1마디: One-And: 서 있는 다리를 Demi-Plié로 앉으면서, 오른 다리는 열린 1번 포지션을 지나 발끝을 뒤쪽으로 가져온다.
      Two: 서 있는 다리의 무릎을 펴면서, 뒤쪽 5번 포지션으로 가져온다.
      And: 오른 다리를 뒤쪽-위로 〈그랑 밧드망〉 동작을 한다. 무릎과 발등은 쭉 편다.
2마디: One-And: 서 있는 다리를 Demi-Plié로 앉으면서, 오른 다리는 열린 1번 포지션을 지나 발끝을 앞쪽으로 가져온다.
      Two: 서 있는 다리의 무릎을 펴면서, 앞쪽 5번 포지션으로 가져온다.
      And: 오른 다리를 오른쪽-위로 〈그랑 밧드망〉 동작을 한다. 무릎과 발등은 쭉 펴져 있다.
3마디: One: 오른 다리를 뒤쪽 5번 포지션으로 가져온다.
      And: 오른 다리를 오른쪽-위로 〈그랑 밧드망〉 동작을 한다.
      Two: 오른 다리를 앞쪽 5번 포지션으로 가져온다.
      And: 오른팔을 3번 포지션으로 들어 올리면서, 오른 다리를 오른쪽-위로 〈그랑 밧드망〉 동작을 한다.
4마디: One: 서 있는 다리를 Demi-Plié로 앉으면서, 오른 다리를 플랙스 하여 발뒤꿈치를 오른쪽 바닥으로 내려놓는다. 손은 손바닥이 위로 향하게 한 2번 포지션으로 연다. 얼굴은 오른쪽 방향이고 시선은 손바닥을 바라본다.
      And: 서 있는 다리의 무릎을 펴면서, 오른 다리를 포인트로 하여 발끝을 바닥으로 향하게 한다.

　　　　Two: 오른 다리를 뒤쪽 열린 5번 포지션으로 가져온다.

　　　　And: 오른 다리를 뒤쪽-위로 〈그랑 밧드망〉 동작을 한다.

5-8마디: 1-4마디를 '반대로' 실행한다. 8마디째 Two에는 두 다리를 Demi-Plié로 앉으면서, 오른 다리를 앞쪽으로 열린 5번 포지션으로 가져온다. 이때 얼굴은 정면이다.

　　　　And에 서 있는 다리를 살짝 뛰면서, 오른 다리로 앞쪽에서 〈그랑 밧드망〉 동작을 한다. 무릎은 턴-아웃 상태이다. 오른 다리를 왼 다리의 뒤쪽에서 열린 5번 포지션으로 up 상태로 바닥을 친다.

9마디: One: 왼 다리를 앞-위로 〈그랑 밧드망〉 동작을 실행하면서, 오른 다리는 발바닥 전체로 선다. 상체는 뒤로 젖힌다.

　　　　And: 왼 다리를 Demi-Plié로 앉으면서, 오른 다리를 앞-위로 〈그랑 밧드망〉 동작을 한다.

　　　　Two: 오른 다리를 플렉스 하여 발뒤꿈치로 내려놓는다. 두 무릎은 쭉 펴져 있다. 오른팔을 1번 포지션으로 가져온다.

　　　　And: 왼 다리의 무릎을 살짝 구부리면서, 오른 다리를 발바닥으로 살짝 뛴다. 오른 다리의 무릎도 구부려져 있다. 상체는 앞으로 숙인다. 오른팔의 손바닥이 위로 향한 2번 포지션으로 가져온다.

10마디: One: 왼 다리를 발바닥으로 딛고 일어서면서, 오른 다리를 서 있는 다리의 위쪽으로 미끄러지듯이 들어 올린다. 오른 다리는 포인트 상태이다.

　　　　And: 서 있는 다리가 살짝 뛰면서, 움직이는 다리를 무릎을 거쳐 뒤로 이동한다. 오른 다리를 뒤쪽 열린 5번 포지션에서 up 상태로 바닥을 친다. 손은 1번 포지션으로 가져온다.

　　　　Two: 오른 다리의 발바닥으로 바닥을 친다. 손은 허리에 얹는다.

　　　　And: 서 있는 다리가 살짝 뛰면서, 왼 다리를 서 있는 다리의 위쪽으로 미끄러지듯이 들어 올린다. 무릎은 턴-아웃 상태이다. 왼 다리를 뒤쪽 열린 5번 포지션에서 up한 상태로 바닥을 친다.

11-12마디: 9-10마디의 움직임을 반대 다리로 실행한다. 12마디에서 마지막 And에는 오른 다리를 오른쪽 위로 〈그랑 밧드망〉 동작을 한다. 두 다리는 무릎이 쭉 펴진 상태이다. 오른팔은 3번 포지션으로 든다.

13마디: One: 서 있는 다리가 Demi-Plié로 앉으면서, 오른 다리를 플렉스 하여 발뒤꿈치를 오른쪽 바닥에 내려놓는다. 손은 손바닥이 위로 향한 2번 포지션으로 연다. 얼굴은 오른쪽 방향이고 시선은 손바닥을 바라본다.

And: 서 있는 다리의 무릎을 펴면서, 오른 다리를 포인트로 하여 발끝을 바닥으로 향하게 한다. 팔은 1번 포지션으로 가져온다.

Two: 오른 다리를 뒤쪽 열린5번 포지션으로 가져온다. 손을 허리에 얹는다.

And: 오른 다리를 오른쪽-위로 〈그랑 밧드망〉 동작을 한다. 얼굴은 정면 상태이다. 팔은 3번 포지션으로 들어 올린다.

14마디: One: 서 있는 다리를 Demi-Plié로 앉으면서, 오른 다리를 플랙스 하여 발뒤꿈치를 오른쪽 바닥에 내려놓는다. 손은 손바닥이 위로 향한 2번 포지션으로 연다. 얼굴은 오른쪽 방향이고 시선은 손바닥을 바라본다.

And: 서 있는 다리의 무릎을 펴면서, 오른 다리를 포인트로 하여 발끝을 바닥으로 향하게 한다. 팔은 1번 포지션으로 가져온다.

Two: 오른 다리를 앞쪽 열린5번 포지션으로 가져온다. 손을 허리에 얹는다.

And: 오른 다리를 높지 않게 오른쪽으로 든다. 무릎과 발등을 쭉 펴져 있다.

15마디: One: 왼 다리의 무릎을 구부려 반 바퀴 돌면서 오른 다리는 왼 다리를 따라간다. 오른 다리의 무릎도 구부러진다. 왼 다리의 발바닥을 왼쪽으로 이끈다. 얼굴은 왼쪽 방향이고 시선은 발뒤꿈치를 바라본다. 오른손이 바를 잡고 왼손은 허리에 얹는다.

And: 왼 다리를 왼쪽 방향으로 up한 상태로 선다. 왼손을 1번 포지션으로 가져온다.

Two: 왼 다리의 발뒤꿈치를 돌려 왼 다리를 앞으로 하고, 처음 포지션으로 돌아오면서 선다. 팔은 손바닥을 위로 한 2번 포지션으로 연다.

And: 멈춘다.

16마디: One-And: 두 다리 무릎을 펴면서, 왼 다리를 포인트로 하여 왼쪽으로 이동한다.

Two: 왼 다리를 열린5번 포지션 앞으로 가져온다.

And: 멈춘다.

위의 콤비네이션을 반대쪽 다리로 실행한다.

2박 화음에 팔을 편안하게 아래로 내린다.

〈〈콤비네이션 2〉〉

전주, 준비 동작: 열린5번 포지션으로 오른 다리가 앞에 있다.

박자: 4분의 2박자의 러시아 춤을 사용한다.

전주: 2마디:

1마디: 음악을 듣는다.

2마디: One-And: 오른팔을 1번 포지션으로 가져온다.

Two: 손바닥이 위로 향한 2번 포지션으로 연다.

콤비네이션은 8마디로 실행한다.

준비: And: 오른 다리를 앞쪽-위로 〈그랑 밧드망〉 동작을 한다. 무릎과 발등은 쭉 펴져 있다. 얼굴은 오른쪽으로 돌린다.

1마디: One-And: 서 있는 다리를 Demi-Plié로 앉으면서, 오른 다리는 열린1번 포지션을 지나 발끝을 뒤쪽으로 가져온다.

Two: 서 있는 다리의 무릎을 펴면서, 뒤쪽 5번 포지션으로 가져온다.

And: 오른 다리를 뒤쪽-위로 〈그랑 밧드망〉 동작을 한다. 무릎과 발등은 쭉 편다.

2마디: One-And: 서 있는 다리를 Demi-Plié로 앉으면서, 오른 다리는 열린1번 포지션을 지나 발끝을 앞쪽으로 가져온다.

Two: 앞쪽 5번 포지션으로 가져온다.

And: 서 있는 다리의 무릎을 펴면서, 오른 다리를 오른쪽-위로 〈그랑 밧드망〉 동작을 한다. 무릎과 발등을 쭉 펴져 있다. 얼굴은 정면이다.

3마디: One: 왼 다리를 오른 다리의 앞쪽에서 들어 올리면서, 오른 다리를 뒤쪽 5번 포지션으로 가져온다. 오른 다리의 무릎은 살짝 구부러져 있고, 왼 다리는 포인트 한 상태로 서 있는 다리의 발목 앞쪽에 위치한다. 상체와 얼굴은 왼쪽으로 숙인다. 손은 허리에 얹는다.

And: 왼 다리를 up한 상태로 바닥을 친다.

Two-And: 왼 다리가 발바닥 전체로 바닥을 딛고 일어나면서, 오른 다리를 오른쪽-위로 〈그랑 밧드망〉 동작을 한다. 왼쪽 무릎은 쭉 펴져 있다. 발등은 포인트 상태이다. 상체는 처음 자세로 돌아온다.

4마디: One: 오른 다리를 앞쪽 5번 포지션으로 가져온다. 왼 다리는 포인트 상태로 서 있는 다리의 발목 뒤쪽에 위치한다. 오른 다리는 구부러져 있다. 상체와 얼굴은 오른쪽으로 숙인다.

And: 왼 다리를 up한 상태로 바닥을 친다.

Two-And: 왼 다리가 발바닥 전체로 바닥을 딛고 일어나면서, 오른 다리를 오른쪽-위에서 원을 그리며 뒤쪽으로 〈그랑 밧드망〉 동작을 한다. 왼쪽 무릎은 쭉 펴져 있다. 발등은 포인트 상태이다. 상체는 처음 자세로 돌아온다. 오른팔은 1번 포지션을 거쳐 3번 포지션으로 들어 올린다.

5마디: One: 오른 다리를 뒤쪽 5번 포지션으로 가져온다. 왼 다리는 포인트 상태로 서 있는 다리의 발목 앞쪽에 위치한다. 오른 다리는 구부러져 있다. 상체와 얼굴은 왼쪽으로 숙인다. 손은 팔꿈치를 구부려 손바닥을 얼굴 뒤로 가져온다.

And: 왼 다리를 up한 상태로 바닥을 친다.

Two-And: 왼 다리가 발바닥 전체로 바닥을 딛고 일어나면서, 오른 다리를 뒤쪽-위에서 원을 그리며 앞쪽으로 〈그랑 밧드망〉 동작을 한다. 왼쪽 무릎은 쭉 펴져 있다. 발등은 포인트 상태이다. 상체는 처음 자세로 돌아온다. 오른팔은 1번 포지션을 거쳐 3번 포지션으로 들어 올린다.

6마디: One: 오른 다리를 앞쪽 5번 포지션으로 가져온다. 왼 다리는 포인트 상태로 서 있는 다리의 발목 뒤쪽에 위치한다. 오른 다리는 구부려져 있다. 상체와 얼굴은 오른쪽으로 숙인다. 손은 허리에 얹는다.

And: 왼 다리를 up한 상태로 바닥을 친다.

Two: 왼 다리의 발바닥 전체로 바닥을 딛고 일어나면서, 오른 다리는 앞쪽-위로 〈그랑 밧드망〉 동작을 한다. 상체와 얼굴은 처음 자세로 돌아온다. 오른팔은 1번 포지션을 거쳐 3번 포지션으로 들어 올린다.

And: 왼 다리로 살짝 앉았다가 위로 뛴다. 왼 다리의 무릎과 발등이 쭉 펴진 상태로 뛰어야 한다. 이때, 오른 다리가 반원을 그리면서 뒤쪽으로 이동한다.

7마디: One: 오른 다리를 뒤쪽 5번 포지션으로 가져온다. 왼 다리는 포인트 상태로 서 있는 다리의 발목 앞쪽에 위치한다. 오른 다리는 구부려져 있다. 상체와 얼굴은 왼쪽으로 숙인다. 손은 팔꿈치를 구부려 손바닥을 얼굴 뒤로 가져온다.

And: 왼 다리를 up한 상태로 바닥을 친다.

Two: 왼 다리가 발바닥 전체로 바닥을 딛고 일어나면서, 오른 다리를 뒤쪽-위로 〈그랑 밧드망〉 동작을 한다. 상체와 얼굴은 처음 자세로 돌아온다. 오른팔은 1번 포지션을 거쳐 3번 포지션으로 들어 올린다.

And: 왼 다리로 살짝 앉았다가 위로 뛴다. 왼 다리의 무릎과 발등이 쭉 펴진 상태로 뛰어야 한다. 이때, 오른 다리가 반원을 그리면서 앞쪽으로 이동한다.

8마디: One: 오른 다리를 앞쪽 5번 포지션으로 가져온다. 왼 다리는 포인트 상태로 서 있는 다리의 발목 뒤쪽에 위치한다. 오른 다리는 구부려져 있다. 상체와 얼굴은 오른쪽으로 숙인다. 손은 허리에 얹는다.

And: 왼 다리를 up한 상태로 바닥을 친다.

Two: 왼 다리의 발바닥 전체로 바닥을 딛고 일어나면서, 두 다리를 쭉 편다. 상체가 처음 자세로 돌아온다. 얼굴은 바의 바깥쪽을 바라본다.

And: 멈춘다.

위의 콤비네이션을 반복한다. 잠시 후에 반대쪽 다리를 실행한다. 2박 화음에 손을 아래로 내려놓는다.

《〈콤비네이션 3〉》

전주, 준비 동작: 열린1번 포지션으로 선다.
박자: 4분의 2박자의 우크라이나 춤을 사용한다.
전주: 2마디:
1마디: 음악을 듣는다.
2마디: One-And: 오른팔을 1번 포지션으로 가져온다.
　　　Two-And: 손바닥이 위로 향한 2번 포지션으로 연다. 오른 다리의 발끝을 뒤로 보낸다. 얼굴은 오른쪽을 방향이다.

콤비네이션은 8마디로 실행한다.
1마디: One-And: 오른 다리의 무릎을 바닥으로 내려놓으면서 무릎이 서 있는 다리의 발바닥 중간 위치까지 오게 한다. 상체는 앞쪽-아래 방향으로 숙인다. 손은 허리에 얹는다.
　　　Two-And: 상체를 들어 올리고, 오른 다리의 발끝을 뒤로 보낸다. 팔은 다시 2번 포지션으로 연다. 얼굴도 오른쪽 방향이다.
2마디: One-And: 오른 다리를 앞쪽-위로 〈그랑 밧드망〉 동작을 한다. 무릎과 발등은 쭉 편다.
　　　Two-And: 오른 다리가 1번 포지션을 거쳐 발끝이 뒤로 가게 이동한다. 무릎과 발등은 쭉 편다.
3-4마디: 1-2마디를 반복한다.
5마디: One-And: 오른 다리를 앞쪽-위로 〈그랑 밧드망〉 동작을 한다. 무릎과 발등은 쭉 편다.
　　　Two-And: 오른 다리를 왼 다리의 앞쪽에서 3번 포지션으로 발바닥 전체를 딛고 Demi-Plié 상태로 앉는다. 왼 다리는 무릎이 구부러진 상태로 서 있는 다리의 발목 뒤쪽에 위치한다. 상체는 오른쪽으로 숙인다. 얼굴은 오른쪽 방향이다. 손은 허리에 얹는다.
6마디: One-And: 왼 다리로 일어나면서, 오른 다리를 오른쪽-위쪽으로 〈그랑 밧드망〉 동작을 한다. 상체는 정면이다. 오른 다리의 무릎과 발등은 쭉 펴져 있다. 상체는 정면이다.
　　　Two: 오른 다리를 왼 다리의 뒤쪽에서 3번 포지션으로 발바닥 전체를 딛고 Demi-Plié 상태로 앉는다. 왼 다리는 무릎이 구부러진 상태로 서 있는 다리의 발목 앞쪽에 위치한다. 상체는 왼쪽으로 숙인다. 얼굴은 왼쪽 방향이다. 손은 허리에 얹는다.

And: 왼 다리의 무릎과 발등을 쭉 펴고 높지 않게 앞으로 든다.

7마디: One: 왼 다리를 앞으로 한 걸음 걸으면서 오른 다리를 앞쪽-위로 〈그랑 밧드망〉 동작을 한다. 무릎과 발등이 쭉 펴져 있다.

And: 왼 다리를 살짝 구부렸다가 위로 뛴다.

Two-And: 왼쪽으로 반 바퀴 돌면서, 오른 다리의 무릎을 바닥으로 내려놓는다. 오른 다리의 발등이 바닥에 있다. 오른손으로 바를 잡는다. 상체는 앞-아래로 숙인다.

8마디: One-And: 오른 다리가 크지 않게 뒤쪽으로 이동하고 왼 다리 발끝을 왼쪽 옆으로 이동 시킨다. 무릎과 발등은 쭉 편다. 왼팔을 2번 포지션으로 연다.

Two-And: 왼 다리가 1번 포지션을 지나 발끝을 뒤쪽으로 이동시킨다. 얼굴은 왼쪽으로 돌린다.

위의 콤비네이션을 반대쪽으로 실행한다. 2박 화음에 1번 포지션으로 돌아오고 팔은 편안하게 아래로 내린다.

기본 동작의 이해

발 포지션[25]

발끝이 열린 형태의 포지션:
캐릭터 댄스에서 열린 형태의 발 포지션 1, 2, 3, 4, 5번은 클래식 발레의 5가지 포지션과 관계가 있다.

1번 포지션: 발뒤꿈치를 붙이고, 발가락의 앞부분을 서로 다른 방향으로 선다.

2번 포지션: 다리는 한 걸음 떨어진 상태로 서로 다른 방향으로 선다.

3번 포지션: 한 다리는 다른 다리의 발바닥의 중간에 발뒤꿈치를 놓고 서 있다. 발끝은 서로 다른 방향으로 선다.

4번 포지션: 한 다리는 서 있는 다리의 한 걸음 앞에 위치하고 다른 다리는 서 있는 다리의 뒤에 위치한다. 서로 다른 방향으로 발끝이 바깥으로 향하게 서 있다.

5번 포지션: 지탱하고 있는 다리 쪽으로 반대쪽 다리를 붙인다. 이때 발끝은 바깥쪽을 향하고 서로 반대쪽을 바라보게 한다(클래식 발레의 5번 포지션과 동일하다).

1번　　2번　　3번　　4번　　5번

---

25) 캐릭터 댄스(무대화 된 캐릭터 댄스)의 발과 손의 움직임은 전문연구기관에 의해 1971년에 승인되었다.

발끝이 정면을 보고 있는 5개의 포지션:

1번 포지션(6번이라고도 불린다): 두 다리를 가깝게 평행으로 서고 옆으로 발을 붙인다.

2번 포지션: 다리를 평행으로 서고, 두 다리 사이의 간격을 발바닥만큼 유지한다.

3번 포지션: 두 발이 서로 붙어 있고 안쪽에 있는 발의 발바닥의 중간에 다른 쪽 발뒤꿈치를 놓는다.

4번 포지션: 서 있는 다리의 앞으로 일(一)자의 형태로 앞으로 나아가며 두 다리는 떨어뜨려 놓는다.

5번 포지션: 서 있는 다리의 앞으로 한 줄의 형태로 다리를 놓는다. 발뒤꿈치를 다른 다리의 끝에 놓는다.

1번 2번 3번 4번 5번

발끝이 편안한 상태:
모든 연결된 포지션을 행할 때 몸의 중심은 두 다리를 편 상태로 유지하고 균등하게 분배한다.
발을 자유롭게 움직이게 하기 위한 다리의 포지션이 존재하는데 '열린 형태'(턴-아웃 상태를 일컫는다)와 발끝이 정면을 바라보고 있는 상태에서 발뒤꿈치를 돌리는 '닫힌 상태'가 있다.
2가지의 닫힌 형태
1번 닫힌 형태: 두 발끝을 안쪽으로 붙인다. 발뒤꿈치는 서로 다른 방향으로 돌린다.
2번 닫힌 형태: 두 발끝을 안쪽으로 붙인다. 발바닥만큼의 거리를 떨어뜨려 유지하고 발뒤꿈치는 서로 다른 방향으로 돌린다.

1번 닫힌 형태   2번 닫힌 형태

팔의 포지션

1번 포지션: (팔꿈치에서 손목까지) 팔을 닫힌 상태로 몸통 앞에서 들어 원형을 만든다. 이 동작은 클래식 발레에서 아나방(En Abant) 동작과 같다.
2번 포지션: 두 팔을 양옆으로 향하게 하고 손바닥은 앞을 향하게 하면서 약간 위를 향하게 한다.
3번 포지션: (팔꿈치에서 손목까지) 팔을 위쪽으로 들어 올려 원모양을 만든다. 클래식 발레에서 앙호(En Haut) 동작과 같다.
4번 포지션: 팔을 구부려 손바닥을 옆구리에 내려놓는다. 이때 팔꿈치는 옆쪽을 향하게 한다. 엄지손가락은 뒤에 놓고 나머지 손가락은 모아서 앞쪽에 위치하게 한다.

1번　　　2번　　　3번　　　4번

5번 포지션: 팔을 가슴 앞에 교차시킨다. 단, 몸 쪽에 팔이 닿지 않게 한다. 손가락을 모은 상태로 팔꿈치보다 약간 높은 위치로 다른 쪽의(오른팔은 왼팔, 왼팔은 오른팔) 팔뚝 위에 놓는다.
6번 포지션: (팔꿈치에서 손목까지) 팔을 구부리고, 마치 모자를 받쳐 주고 있는 것처럼 머리 뒤에 손바닥을 놓는다.
7번 포지션: 팔꿈치를 구부리고 손등을 허리 뒤쪽에 놓는다. 한손은 허리에, 다른 손은 그 손바닥 위에 놓는다. 팔꿈치는 양옆을 향하게 한다.

5번　　　6번　　　7번

발의 위치

1) 다리를 길게 발등과 무릎을 편다.
2) 무릎을 옆으로 구부리고 반만 앉는다.(Demi-Plié)
3) 발등과 발가락을 길게 편다.(Point)
4) 다리를 든 채로 발등을 꺾는다.(Flex)

    1)   2)   3)   4)

5) 복숭아뼈를 안쪽으로 꺾고 발바닥을 안쪽으로 향하게 하여 늘린다.
6) 발바닥의 안쪽 가장자리를 발바닥에 닿게 한다.
7) 발바닥의 바깥쪽 가장자리를 바닥에 닿게 한다.
8) 굽의 끝-발 뒤쪽 굽을 땅에 붙인 채로 발등을 꺾는다.

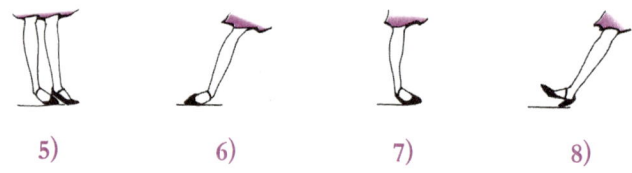

    5)   6)   7)   8)

9) 낮은 〈를르베(Releve)〉: 발뒤꿈치를 바닥에서 약간 떨어뜨린다.
10) 중간 〈를르베(Releve)〉: 발뒤꿈치를 바닥에서 들어 올린다.
11) 높은 〈를르베(Releve)〉: 발뒤꿈치를 바닥에서 높게 들어 올린다.
12) 발끝으로 선 다리: 발등을 늘린 채로 엄지발가락 끝으로 서 있다.

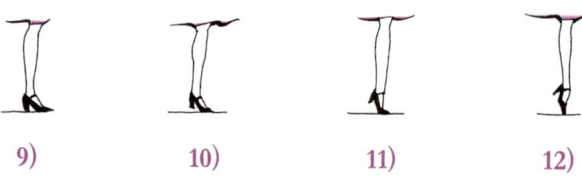

    9)   10)   11)   12)

팔 위치

1) 준비 자세: 편안한 상태로 손을 내려놓는다.
2) 1번 위치: 팔을 옆으로 활짝 열고 손가락을 모은 채로 손바닥을 위로 향하게 한다. 손가락을 모으고 편다.
3) 2번 위치: 팔을 2번 포지션과 3번 포지션 사이로 높게 활짝 뻗는다. 손바닥을 위로 향하게 하고 손가락을 모아서 편다.

상세 위치

1) 편안한 상태
2) 상체를 인사하듯이 허리를 앞으로 숙인다.
3) 상체를 허리를 뒤로 젖히다.
4) 상체를 오른쪽 혹은 왼쪽 옆으로 구부린다.

얼굴 위치

1) 정면
2) 고개를 돌린다.(오른쪽 혹은 왼쪽으로)
3) 고개를 숙인다.(앞, 오른쪽, 왼쪽)
4) 고개를 뒤로 젖힌다.

손목 위치

1) 손바닥이 아래로 향하게 돌린다.
2) 손바닥이 위로 향하게 돌린다.
3) 손목을 아래로 꺾는다.
4) 손목을 위로 꺾는다.

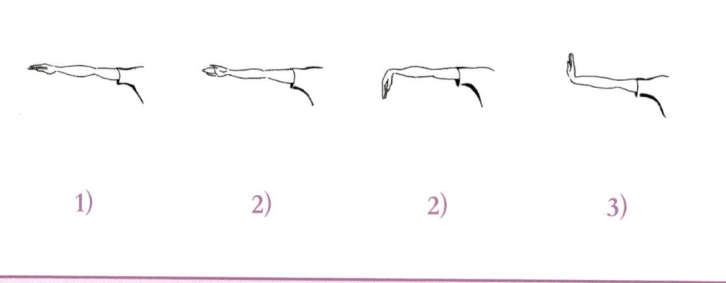

1)   2)   2)   3)